职业院校教育理论与教学方法研究

周 敏◎著

图书在版编目（CIP）数据

职业院校教育理论与教学方法研究/周敏著. -- 长春：时代文艺出版社，2023.11
ISBN 978-7-5387-7245-6

Ⅰ.①职… Ⅱ.①周… Ⅲ.①职业教育－教学研究 Ⅳ.①G712.0

中国国家版本馆CIP数据核字(2023)第205562号

职业院校教育理论与教学方法研究
ZHIYE YUANXIAO JIAOYU LILUN YU JIAOXUE FANGFA YANJIU
周敏 著

出 品 人：	吴 刚
责任编辑：	孟宇婷
装帧设计：	文 树
排版制作：	隋淑凤

出版发行 时代文艺出版社
地　　址 长春市福祉大路5788号 龙腾国际大厦A座15层 （130118）
电　　话 0431-81629751（总编办） 0431-81629758（发行部）
官方微博 weibo.com/tlapress
开　　本 710mm×1000mm 1/16
字　　数 202千字
印　　张 13.5
印　　刷 廊坊市广阳区九洲印刷厂
版　　次 2023年11月第1版
印　　次 2023年11月第1次印刷
定　　价 76.00元

图书如有印装错误 请寄回印厂调换

前　　言

近年来，研究者已经对职业教育教学理论展开了深入的探索，并积极地实践这些理论，取得了一些成果。然而，从总体上看，我国的职业教育教学理论研究和实践工作还有着提升空间，尤其是在职业教育教学设计研究和应用方面。

我国经济发展方式的转变和产业结构的调整升级，对职业教育培养提出了更高的要求，职业教育的教学目标也要随之提升，需要由知到能，再由能到卓越。

本书旨在帮助读者正确认识和学习职业教育理论与教学方法，期望此书能够提高职业教育教学质量和教学技能，为我国今后能够培养出更多优秀的职业教育学生而共同努力。

鉴于个人能力有限，本书可能会存在一些错误，诚挚地希望读者朋友和专家学者能够提出批评和指导。

目　录

第一章　职业教育教学理论

第一节　职业教育教学目标 …………………………………………… 001
第二节　职业教育教学内容 …………………………………………… 007
第三节　职业教育教学过程 …………………………………………… 014
第四节　职业教育教学情境 …………………………………………… 029
第五节　职业教育教学原则 …………………………………………… 034
第六节　职业教育教学的组织 ………………………………………… 039
第七节　职业教育教学方法 …………………………………………… 046
第八节　职业教育教学媒体 …………………………………………… 076
第九节　职业教育教学模式 …………………………………………… 078

第二章　职业教育教学改革

第一节　我国职业教育教学改革的时代背景 ………………………… 092
第二节　慕课：教育技术的新进展 …………………………………… 096
第三节　教学设计的基本原则 ………………………………………… 101
第四节　教学目标的确立 ……………………………………………… 110
第五节　学习者分析 …………………………………………………… 112
第六节　学习任务分析 ………………………………………………… 115

第七节　教学策略的制定 …………………………… 117
第八节　教学评价的设计 …………………………… 129

第三章　默会知识及其相关的教学策略

第一节　职业教育默会知识 ………………………… 133
第二节　基于默会知识的职业教育教学策略 ……… 143
第三节　转变人才培养模式 ………………………… 168

第四章　"互联网+"时代职业教育新路径

第一节　慕课 ………………………………………… 174
第二节　微课 ………………………………………… 178
第三节　翻转课堂 …………………………………… 181

第五章　高等职业教育发展分析

第一节　关于教育发展体系建设的思考 …………… 190
第二节　关于加强师资队伍建设的思考 …………… 194
第三节　关于教学方式方法革新的思考 …………… 204

参考文献 …………………………………………………… 208

第一章 职业教育教学理论

任何一种教育类型都有自身独特的价值追求，而教学活动是实现这种价值追求最基本的途径。职业教育作为一种教育类型，也有着自身的特殊价值追求。这种特殊价值追求就是学生职业能力和职业特质的培养。因此，职业教育教学理论应该在一般教育价值追求的基础上，以学生职业能力和职业特质的培养为特殊价值追求，解决好职业教育教学的基本问题。

第一节 职业教育教学目标

教学目标是教学活动实施的方向和预期达成的结果，是一切教学活动的出发点和最终归宿，更是教学价值的具体体现。因此，对职业教育教学目标的研究，应从职业教育教学目标的价值取向入手，提出职业教育教学目标及其结构。

一、职业教育教学目标的价值取向

尽管职业教育在满足个人和社会进步需求方面仍然具有关键性，但其在满足职业发展需求上的影响力更为突出。因此，职业教育教学目标的价值应该是基于个人、社会和职业发展的需求来设定的。

（一）个体发展的需要

在学生个体发展需要方面，职业教育教学目标的价值具体体现在学生个体发展的方向和水平上。长期以来，在教学目标的研究和使用上，人们十分关注学生个体发展的水平，忽视学生个体发展的方向，而学生个体发展的方向往往比学生个体发展的水平更重要。

20世纪80年代，美国著名发展心理学家、哈佛大学教授霍华德·加德纳博士在他提出的多元智能理论中指出，人类的智能是多元的而非单一的，主要是由语言智能、数学逻辑智能、空间智能、身体运动智能、音乐智能、人际智能、自我认知智能、自然认知智能八项组成，而每个人都拥有不同的智能优势组合。

（1）语言智能。对于有效地使用口语或者书面形式来传达个人观点并且能够理解他人的需求来说，这是一种语言能力。这种技能包括对发音、词汇含义、句法结构的熟练把握，同时还包含了以语言为基础的思考模式、沟通方式以及深度解读文本的能力。拥有这项能力的个体可能更倾向于从事政治领袖、主持者、法律顾问、演讲者、编辑、作者、新闻工作者以及教育工作者的角色。

（2）数学逻辑智能。指的是能够高效地执行计算、测定、演绎、概括、分门别类，并且能处理繁复的数学操作能力。这包含了对于逻辑方法与关系的理解，论断及观点、功能及其相关抽象观念的敏锐度。拥有高度数学逻辑智能的人群更适于从事科学研究者、财务分析员、统计学者、工程技术专家、软件开发工作者等相关领域的工作。

（3）视觉空间智能。是指准确感知视觉空间及周围一切事物，并且能把所感觉到的形象以图画的形式表现出来的能力。这项智能包括对色彩、线条、形状、形式、空间关系很敏感。具有视觉空间智能的人适合的职业主要有室内设计师、建筑师、摄影师、画家、飞行员等。

（4）身体运动智能。指的是能够通过全身动作去传达思维与感情，并能灵活使用手部工具制造或操控物品的一种技能。这种智力包含了特定的身体技艺，例如平衡感、协调度、反应迅速、力量、弹性及速度，这些都源于对触感的理解。对于拥有此种智力的个体来说，他们更倾向于从事体育竞技者、表演艺术家、舞者、外科医师、珠宝工匠或是工程师等相关工作。

（5）音乐智能。人类具备音乐旋律智能，这意味着我们能精确地识别和理解音调、旋律、节拍、音质等方面。这种天赋使我们在听觉上非常敏感，天生就有音乐才华，并能在演奏、创作和思索音乐方面表现出卓越的能力。那些擅长音乐旋律智能的人群更可能从事如歌手、作曲家、指挥者、音乐评论员、钢琴调谐专家等相关工作。

（6）人际智能。是指能很好地理解别人和与人交往的能力。这项智能善于察觉他人的情绪、情感，体会他人的感觉感受，辨别不同人际关系的暗示以及对这些暗示做出适当反应的能力。具有人际关系高能的人适合的职业主要有政治家、外交家、领导者、心理咨询师、公关人员、推销等。

（7）自我认智智能。自我理解能力指的是对自身了解透彻，并且根据这种了解来采取恰当行动的能力。这一技能能使人识别出自身的优点与不足，洞察到内心的喜好、情感、意愿、性格及自信心，并对独立思维有着浓厚的兴趣。拥有自我理解能力的个体更倾向于从事如哲人、政客、理论家、心理专家等相关领域的工作。

（8）自然认知智能。对于自然的理解与识别能力，指的是能够有效地察觉并辨识自然界的各类元素，具备区分及归类物品的技能。这种智能拥有极高的好奇心和探索欲望，同时还拥有一种出色的洞察力，可以分辨不同事物的微妙差异。那些有此种自然认知高度智能的人群更适宜从事的职业包括：宇宙科学家、生物研究员、地理学者、考古专家、生态环境规划师等等。

虽然职业教育的目的是培育技术专才，然而其未来职业道路的发展趋势却受到个人智能构造的影响。所以，为了满足学生的个性化需求，我们必须根据他们各自独特的优势来设定他们的成长路径与成就标准。这正是基于多元智能理论对学生个体发展选择提供科学指导的结果。

（二）社会发展的需求

从社会的进步需求来看，教育中的职业教学目标不仅应关注学生的社会适应能力，还需考虑他们是否能为社会进步做出贡献。当前，知识经济化，文化和科技领域的突破也日益显著，这些变化均对个人成长提出了更高的要求。

作为与经济社会联系最为紧密的教育形式之一，职业教育在知识经济时代下对受训者个人有着更为严苛的要求。这个新时代的特点在于其核心是以创新驱动，包括了投资形态的非物质化、持续增长的经济发展模式、全球化的经济结构、智能导向的选择标准、终生学习的习惯、协作的市场竞争策略以及环境保护的优先考虑。这些变化使得劳动者所需具备的能力、工作方法及职业道路的发展等方面产生了新的问题。所以，为了满足社会的进步需求，职业教育的教学目标应侧重于学生的民主观念、创造力的提升以及生态友好的价值观塑造。

（三）职业发展需求

职业教育的目标价值不仅在于其日益增强的专业特性，同时也在于其对职业转移的能力。

长久以来，工作进步有两个主要的发展方向。首先是各种行业对于其从业者的工作特性需求不断增加。例如，具有高度科技含量的、价值高的、竞争激烈的高级制造产业需要专业技术人员具备技术特点；其次是以个人化的服务观念面向公众供应增值的服务和消费品的生活服务领域，也需要专业技术人员的参与。

对于服务的特殊品质的需求，以及当代文化艺术行业对技术专长的人文素养需求，都达到了空前的程度。新职业的增长与过时职业消逝的速率都在持续提升。工作岗位是社会分工产物，也是人类社会的劳动力和生活的进步象征。随着经济和社会的持续进步，科技的发展迅速，工作的类型、类别、构造及标准也随之变动。这样的职场变革加剧了个人的职业转变，并对其职业流动的能力提出了更高层次的要求。

二、职业教育教学目标的结构设计

职业教育的目标必须满足个人成长、社会进步和职业发展的需求，并体现出这些发展所带来的价值。为了实现这一目标，我们需要使用多种指标，进而形成结构化的教学目标。

（一）方向性目标的设计

1. 方向性目标的提出

多元智能理论的研究为人类的智力构造存在多样性的科学基础提供了解释，这种多样的智力构成部分地影响了个人适合从事何种职业的选择。针对中国受过职业教育的学生十年后的工作情况进行了调研，结果显示他们主要集中在这四大职业领域中：一是在技术方面有深度发展的专家级人物；二是对工作技巧有所提升的专业人士；三是有潜力晋升到管理岗位的管理者；四则是自主创立企业并担任领导角色的人才。所以，职业教育应该明确其教学的目标导向。

2. 方向性目标的结构

成功的职业生活历程主要依赖于个人智力构造和其适应职业生活的能力。所以，教育工作者的首要任务就是培养学生具备各种商业技能，如智商、情商、财务智慧、逆境应对技巧、创新思维、职场素养、领导力和决策能力、机会把握能力、成就意识、抗压能力和身心健康水平等等。

（二）层次性目标的设计

1. 层次性目标的提出

1989年，职业分析方法被我国职业教育界所认识，并在我国职业教育教学改革中被广泛应用。由于增强了职业教育教学目标的针对性，专业教学目标与职业岗位要求接轨，毕业生的职业能力明显增强，我国职业教育学质量和教学效率明显提高。但这些仍没有解决一流技能型人才的培养问题。职业教育发达的国家运用能力本位的教学目标，辅以优良的师资、较高的投入和企业的配合等培养出世界一流的技能型人才，我们在师资质量、资金投入和校企合作等方面还有很大的提升空间，我们需要找出一种代价小，又能培养出一流技能型人才的方法。层次性教学目标的提出，使职业教育教学目标的针对性更强，不但知识、技能、态度、能力目标明确，而且职业要求情感、思维、行为和语言目标也明确起来，将弥补我国职业教育遇到的师资质量、资金投入和校企合作等方面的不足。

2. 层次性目标的结构

职业教育的目标可以划分为三个等级。首先是知识、技术和态度目标；其次是职业能力目标；最后一个是职业特性目标。

（1）知识、技能和态度目标

知识是个体通过与其环境相互作用后获得的信息及其组织。知识分为陈述性知识和程序性知识。前者用于说明事物是什么、怎么样、为什么等问题，如描述某种事实，陈述某种观点、信仰等；后者主要回答做什么、怎么做的问题，是一种实践性知识，该类知识也称为操作性知识。因此，知识目标包括陈述性知识目标和程序知识目标。

技能是通过学习而形成的符合规则的行为方式。一般来说，技能可以被划分为两大类：实践技巧和思维技巧。其中，实践技巧又被称作运动技巧或者动作技巧。因此，技能目标涵盖了实践技巧目标和思考技巧目标。

态度是通过学习形成的影响个体行为选择的内部准备状态或反应的倾向性。它由认知成分、情感成分和行为成分构成。认知成分是个体对态度指向对象带有评价意义的观念。不同个体的态度中所含认知成分不同，如有的人基于理性的思考，有的人则基于情感冲动；有的可能基于正确的信息，有的则可能基于错误的信息。态度的情感成分指伴随态度的认知成分而产生的情绪或情感。态度的行为倾向成分是指个体所表现出来的行为意图，即准备对特定对象做出的某种反应。职业教育中态度的含义更为宽泛一些，除一般意义的态度外，它还包括职业精神（敬业精神、创业精神）、职业信念、职业道德等。

（2）职业能力目标

从心理学的角度来看，能力通常被界定为一种能对工作效能产生直接影响且有助于活动的成功执行的个人特质，这种特质往往是在经过了知识的学习、技巧的培养及心态的塑造之后，由完成特定任务的过程中所产生的。故而，能力的设定要高于职业教育中的首要知识、技术与态度的目标。而在实际的教育教学过程中，能力指的是有实力去实现某个具体任务。因此，对于能力的设定通常会以一系列完整的工作任务作为其表述方式。

（3）职业特质目标

研究揭示出，对于各行各业的专业人士而言，他们的杰出并非源于对知识或能力的掌握，也非依赖于普遍适用于各类工作的共通品质。相反，真正使他们在各自领域脱颖而出的是他们深刻理解并坚守自己工作领域的价值观和独特属性，这使得他们在特定行业展现出了独特的职业素养。这些专属于某一行业的特性被称为"特质"，它们决定着一个人能否实现卓越的工作成果，从而把优秀工作者和其他人区分开来。特质可以体现在职业情绪、思考方式、行动习惯及言语表达等方面。要形成特质需要经历一系列职业活动，它是一种相对稳定且持久的个人心理特征，所以它是高于职业能力的一个教育目标，即职业特质目标。

第二节　职业教育教学内容

为了达到职业教育的目标，我们必须挑选出适合的教学内容并进行科学化的组织，从而构建各类课程。因此，在研究职业教育教学内容时，需要解决如何选择和安排这两个关键问题。

一、职业教育教学内容的选择

选择教学是为了达成教育目标。因此，应根据职业教育的目标来决定教材的选用。

（一）职业教育教学对象选择的范围

人的成长，依靠直接经验和间接经验。直接经验是指亲身参加变革现实的实践而获得的经验；间接经验是从别人，甚至说从人类积累的那些经验里获得的经验。在接受教育期间，人的成长主要依靠间接经验。因此教学内容的选择，是从人类间接经验中，选择适合于学生学习特征和学生成长需要的经验。因此，从人类教育教学实践分析，教学内容的选择取向主要分为以下七种：道德主义取向、百科全书取向、文艺复演取向、形式训练取向、唯科学取向、经验取向和社会取向。

作为一种专门培育技工的专业教育模式，其所需求的技术技能人员必须具备一套由理论知识架构、科技手段框架及职场行为构成的丰富人类经验。所以，对于职业教育的教学内容来说，应该从中挑选出这些元素来构建。

（二）职业教育教学内容选择的方法

在选择职业道德教育的内容时，需要考虑知识系统、技能方法以及职业活动系统，而且，由于这些系统各自具有特殊性质，所采取的选择方式也会有所差异。

1. 理论知识选择的方法

对比工作技能的目标，我们需要深入理解各个领域的专业知识与其关联度。当我们挑选学习材料的时候，我们的重点是让学生全面了解整个体系结构，而不是仅仅让他们熟悉某一部分的内容。同时，我们也注重这些领域的应用价值，而不只是关注它们的学术探索。

2. 技术与方法的选择

根据工作技能的目标设定，我们需要研究其对应的技术或策略和工作技能之间的关联。当我们决定使用某种技术或策略的时候，我们要强调的是如何使学生理解这个技术的起源及发展历程，以此来激发他们的创造力；要让他们能够全面地理解该项技术的结构体系，以提升他们学习新技术的能力；要在他们在实际运用这项技术的过程中教会他们如何操作它，从而提高他们的实践技巧；还要引导他们去分辨其他具有相似功能的不同技术的特性，以便于他们在工作中能更好地对比各种技术。

3. 典型任务选择的方法

根据工作技能的目标设定，评估教育机构及公司可能会提供的学习环境，挑选出典型的案例来构成职场教育的主题内容。选取就业活动中应关注其示范意义且富有吸引力的情况，同时确保难度适宜以保证学习效果良好。所谓"示例"指的是那些毕业生将来工作中常会碰到的有影响力的行为模式；而所谓的有趣则意味着这些行动能满足年轻人的情感需求，并且激发他们对知识的好奇心，从而让他们更愿意去探索，而不是厌倦或抵触它们的存在；最后关于适当程度的问题，就是说我们应该找到适合他们的能力和经验的活动类型，以便于他们在完成的过程中，能够获得成就感或者自我提升的感觉。

二、职业教育教学内容的组织

在构建职业教育课程和课程体系的过程中，首先需要对职业教育教学内容进行分类并制定出一个专门的课程；接着是对每个课程的结构设计以及内容组织。

（一）职业教育教学内容的宏观组织

宏观组织的职业教育教学内容是指构建专门的职业教育课程体系以及各种课程之间的逻辑联系。

1. 课程体系的形成

宏观的职业教育教学内容组织策略，塑造出由活动课程、学科课程和技术与方法课程构成的专业课程体系。

2.课程间的逻辑关系

作为一种以能力为中心的教育模式，职业教育的实现必须依赖于各种实践活动的参与。同时，要培养出专业的特性，也离不开与之相关的职业行为。由此可见，活动课程在职业教学过程中起到了关键性的作用，它负责培育学生的能力和专业素养。因而，我们有理由认为，活动课程应被视为专业核心的课程设置。虽然设立学科课程和技术方法课程的主要目标在于教授学生相关领域的理论架构及技巧系统，然而其真正的价值并不止步于此。这些课程的存在旨在为活动课程提供支持，从而塑造学生的职业能力和专业特征，进而让他们具备自我发展的潜力，成为既懂理论又精通技术的综合性人才。

这里的学科课程、技术方法课程和活动课程的关系，与三段式学科教育的课程间的逻辑关系是有本质的区别。在三段式学科教育中，（实践）活动课程是为更好地掌握学科课程的理论知识和技术方法。课程的技术方法服务的，最终目的是掌握学科理论和技术方法。因此，学科教育的三段式教学是知识本位的，不是能力本位的。

（二）职业教育教学内容微观组织

微观的职业教育内容组织涉及各种课程的内部结构设计以及内容的安排。由于活动、学科和技术方法课程的目标不同，以及它们功能的差异，这些都决定了其内部结构的设计和内容的布局形式。

1.活动课程的结构

设立活动课程的目标是提升职业技能，因此，其作用在于建构学生对职业行为逻辑次序和技能学习心理模式。

（1）活动课程垂直组织原则

通常，垂直组织的规范包括持续性和序列化两项准则。持续性指的是直接阐明关键的教育元素；而序列化则是要求每个后续主题都基于前置主题构建，并对其相关领域做深度和广度的拓展。这两种规范在职业教育的垂直组织中表现出如下三点：

①职业活动的难易程度各不相同。根据先简后繁的教学法则，职业教育活动课程的垂直组织应遵循由浅入深的逻辑安排。

②任何职业教育活动的完成都需要经过一个连贯且逻辑严谨的步骤，这个流程从起始到终结都遵循着相应的规则。因此，职业教育课程应该根据这种职业活动的逻辑顺序做出垂直安排。

③心理学研究揭示，职业能力的构建需要经过一系列复杂且各具特色的步骤。这些步骤形成了一个逻辑序列。

学生是基于学习的目的主动吸收新鲜的信息，同时结合已有的知识产生关联，从而得以储存。初始的学习过程中，所有知识都以描述的方式呈现，对程式化知识而言，其最初的形式就是程式化的表述方式。转变和稳固则指向了新知识的发展路径：一方面，一些知识会被保存下来，经由适度的回顾后，它们会成为知识体系的新构成元素，有时甚至可以影响或改写原本的知识架构；另一方面，某些知识会在多种形式的实践活动中转换为程式化知识。转移和运用主要发生在知识运用的环节，各类知识用于应对不同的挑战，利用这些手段是为了更深入理解知识。其中，描述型知识被抽取出解答关于"什么"类型问题，而程式化知识则是回答如何处理这类问题的工具。

原型定向是指个体在头脑中形成了有关活动方式的定向映像，而这种定向映象一旦建立，它就可以调节以后的实际心智活动，同时也是心智活动产生的基础。原型操作是指把头脑中建立起来的动作程序以外显的方式付诸实施。原型内化是指心智活动的实践模式向头脑内部转化，借助于内部言语，个体可以在头脑内部进行程序化的心智活动，而且能以非常简缩、快速的形式进行。

操作的定向即了解操作活动的结构，在头脑中建立起操作活动定向映像的过程。操作的模仿即实际再现出特定的动作方式或行为模式，实质是将头脑中形成的定向映象以外显的实际动作表现出来。操作的整合即把模仿阶段习得的动作固定下来,并使各动作成分相互结合,成为定型的、一体化的动作。操作的熟练是操作技能最后形成的阶段,是由于操作活动方式的概括化、系统化而实现的。操作熟练的特点有:动作的灵活性、稳定性和准确性;动作的连贯性、流畅性和协调性;动作的控制性增强,能准确地觉察到外界环境的变化并调整动作方式;紧张感、疲劳感降至最低,可以有效地同时从事两种或多种活动。

服从表现为对外部建议或看法的表层接纳,并通过公开的行为方式来符合别人的要求,然而其内在认知及情绪却未必完全跟随别人。在此种情况中,个体的立场受到外界奖赏与处罚的影响。此等立场由环境压力塑造而成,一旦环境条件有所变动,该立场也相应地调整。认可则代表着个体自愿被他人或者群体的精神力量所感染,这一步骤超越了服从阶段。所以,认可并不依赖于外界施压,它是一种自主性的吸收过程。内部整合指的是思维理念上的统一,包括对自我已持有的观点和信仰融入新的价值观之中,构建起一套完整且协调的道德系统。在这个融合的过程中,各类价值观之间的矛盾与冲突得到了解决,使得个体按照自身已经内化的价值观去行事的时候能够感受到快乐和满足感,反之若出现与其内心价值准则相悖的情况,他们就会产生罪恶感和不满。这样一来,稳定的性格特征(即品质)就逐渐确立起来了。

在进行课程的垂直组织时,我们需要注意遵循能力形成的常规流程,确保课程的心理逻辑顺序得到执行。同时,也要避免因为违反了能力形成的逻辑而对学生的能力发展产生影响。

(2)活动课程水平组织原则

融合是横向组织的原则。其目的是通过对挑选出来的各个教学元素保持尊重多样性的前提下,发掘它们间的深层关联并将其组合成有生命的统一体。同样地,对于职业教育的课程体系来说,融合也起着关键作用。这主要表现在两个方面:首先是对职业行为的融合,即将多种工作内容结合起来构建成大型的工作任务或称为一系列的项目;其次是对心智特质的融合，也就是把知识、技巧与心态综合到一起构建单一的专业才能。

2.学科课程的结构

课程设置的目标在于让学生掌握科学知识体系，以便他们能够更好地进行活动性学习和职业技能的塑造。因此，课程设计的主要任务就是建立学生对科学理论知识的逻辑框架，这个框架的实施是为了满足使用需求而展开的。

（1）学科课程垂直组织原则

①学科的发展历程。学科的诞生原因，发展过程中经历了多少阶段，每个阶段的关键点是什么，都应该进行普遍性的阐述。由于只需要普遍性的阐述，所以通常会放在教材的前言部分。

②理论知识的运用逻辑。所有学科的理论都是在实际应用中产生和进步的。通过实践来引入理论知识，不仅能够更好地连接活动课程，而且还能激发学生的学习热情，培养他们的学习动力。

③理论架构的逻辑性。学科架构拥有强大的系统性和逻辑性。系统化和逻辑性的学科理论知识，能够适应学生的常规思维模式，从而提升学习效率。

（2）学科课程水平组织原则

①理论知识的逻辑结构。理论知识是分为不同主题的，但只有将各个主题的理论知识整合起来才能解决综合问题。因此，在组织水平上，需要考虑到各个理论知识点之间的连接。

②将理论知识融合起来。为了完成特定的工作任务或项目，各个理论知识点通常需要融合在一起。

3.技术课程的结构

开设技术课程的目标是让学生掌握技术体系框架，以便他们能够更好地进行活动课程的学习和职业能力的培养。因此，技术课程的主要任务就是建立学生的技术体系结构，这个技术体系的逻辑结构是以应用为核心展开的。

（1）技术课程垂直组织原则

①技术进步的历史阶段。这项技术是如何诞生的，技术发展经过了多少个阶段，每个阶段所解决的问题是什么，应该做一般性的阐述。因为只需要一般性的阐述，所以通常会放在教材的引言部分。

②所有的技术方法都是由应用产生并发展出来的。通过引导技术方法，我们可以更好地连接到活动课程中，激发学生的学习热情，从而形成学习的驱动力。

（2）技术课程水平组织原则

技术和方法的逻辑结构。它们都是为了应对各种问题而诞生的。如果它们之间的联系并不紧密，那么在组织上可以进行并行规划。若多种技术手段能够融合解决复杂的问题，那么就可以将这些技术手段整合在一起。

第三节 职业教育教学过程

教育流程旨在服务于教育目的的达成，它基于学习动力的发展历程、工作活动的进程及技能构建的过程之上。换句话讲，职业教育的教导方式融合了学习的热情增长阶段、工作的实践环节与技能提升的路径。所以，对于职业教育课程的学习研究，必须根据不同的教学目标，遵从学习热忱的成长路径、职场行为的活动模式以及技能发展的途径来审视职业教育的教学方法。

一、从兴趣发展考察教学过程

正如爱因斯坦所言，"兴趣是最强大的导师"。美国的教导心理专家沃尔特科勒斯涅克进一步阐述道："兴趣既可被视为学习的主要原因，也可以成为其成果。如同兴趣是由过去的知识积累而来，它同样也能激发未来的学习动力。"基于自身丰富教育的经历，陶行知先生坚信"当学生对某个主题充满热情时，他们愿意全身心投入其中并享受其中的乐趣。所以，学习和快乐是无法割裂开来的"。显而易见的是，深厚的学习兴趣能引发学生的积极求知的欲望，激励他们在面对挑战时不畏艰难、勇往直前。对于那些对特定科目有着深刻且持久热爱的人来说，他们更倾向于将其作为主要的研究领域，并在学习的过程中主动解决难题、抵制诱惑。因此，研究学习动机的生成及发展的规律，以审视教学的过程是有价值的。

1. 设趣阶段

设趣是教师通过分析学生本身的个体需要或者可能的外部诱因，为学生的学习设定学习目标和创设新异的学习情境。初学者往往感到知识是抽象枯燥的，有时甚至会产生某种畏惧心理。带着这种心理去学习，个体将仅仅是被动地、机械地应付外界的要求，不可能真正地投入到知识学习中去。所以教师应该通过设置恰当的学习目标，创设问题情境，消除学生的这种心理，提高学习者的学习兴趣。

2. 激趣阶段

提供有趣的环境以吸引学生的探索欲望固然重要，然而仅此还不足够。为了引发学生对知识的渴望并推动他们的学习行为，我们需要进一步刺激他们的好奇心与探究精神。根据学习心理学的研究结果显示，这种好奇心和求知欲不仅仅能作为学生学习的驱动力，有时还能引领出重要的创新成果或者突破性的发现。同时，它也是引导学生走向科研道路的关键因素，更是驱动其开展创新活动的核心力量。所以，在教育过程中，一方面我们要促进学生从好奇心到求知欲的发展转变，从而借助激发兴趣来培育他们优秀的学习热情；另一方面我们也应珍视他们的求知欲望，提升他们的兴趣程度。

3. 诱趣阶段

学习的进程是渐进式的，从浅入深并最终实现学习目的。激发兴趣的关键在于引发学生的"产生疑问—思考问题—解答疑问、再次产生疑问—

重新思考问题—再次解答疑问"的循环往复的学习历程。这样可以引导他们逐渐加深对知识的理解，同时也有效地训练了他们的提问能力。

陶行知先生说："发明千千万，起点在一问。"确实，发现创新都是由疑问开始的。在激发学生的好奇心和求知欲的基础上，教师在教授过程中，要依靠对内容的精心组织、科学安排，使其对学生产生兴趣。针对教学重点、难点，采用恰当的教学方法，一环扣一环地提出问题，诱发学生"生疑—思疑—释疑"，不仅要学生有所知，更要有所思。学生每解决一个问题，就有一种战胜难点的兴奋，就会多一份自信。

4.扩趣阶段

拓展兴趣是指激发学生持续探索，培育创意思维并激起创新意识。在教育过程中，老师需要把握机会，更深入地指导学生自主寻找疑惑，形成提问的好习惯。课后，让学生再次提出质疑，拓宽和深化他们的思维方式，激励他们从多个角度思考问题，并且勇于解决难题。通过这种多样化且深入的方式来激活创新思维，使得学生们带着问题进入教室，当问题得到解答时，也同样会带着新的问题离开教室，这样反复的过程有助于提升学生的创新能力和创造力。如果我们把诱趣教育的目的视为达到教学目标的话，那么扩展兴趣的教育主要就是为了达成课程目标中的表现部分的目标。

二、从职业活动过程考察教学过程

所有的职业行为都需要经历一个过程，这个过程是有逻辑性的。教育过程和职业行为过程应该保持一致，以此来推动学生形成职业行为的逻辑思维。

1.过程导向的教学过程

某些工作流程是恒定的，一经设定就无法因职场环境变动产生任何变化。这些往往发生在科技领域的专业中，例如操作各类机器的时候，工作的步骤通常会保持不变。工作的意义在于寻求标准的执行方式与规则，以便达到预期的成果质量。针对这样的工作任务，教育过程中应该采用的是基于过程的教育方法。

在这当中，任务说明涉及设定工作内容、确定需求、提供所需器材和设施等方面；而任务解析则是在考虑品质、费用、期限等多方面因素后，所制定出的合理、创新、实际且经济的方法。清晰的过程则是让学生了解整个计划执行流程中的每个环节；任务实践则是借助实践来培养职业技巧；结果评估是对任务是否达到预定目标的判断；课程考核则是对学生能否熟练运用职业技能的目标程度的评判。

2. 情景导向的教学过程

部分工作流程并非一成不变，而是在职业环境变化中持续更改。这些类型的工作通常存在于服务行业，例如接待顾客的过程中，需要根据客人的需求和情况来实时调整我们的行为。工作的核心在于为各种场景提供优质的服务，从而满足甚至超越消费者的需求与期望。针对这一类型的职业任务，教育过程中应该采用基于情景的教育方法。

在这当中，任务说明涉及对工作的定义与需求阐述清晰；而任务解析则在于在考虑诸如品质、费用、期限等问题后，给出一种科学、创新、实用且经济的方法。此外，工作场景探讨的是各类可能发生的工作状况；执行任务则是针对这些场景采取最优策略，并借此从实践中获得专业的能力；最后，结果评估是对已完成任务是否达到预期目标的评定；学业评估则是对于学生能否熟练运用所学的职业技能的学习效果的衡量。

3. 效果导向的教学过程

一些职业活动的流程并不固定，也无法受到职场环境变化的影响。这种类型的职业活动通常在艺术领域中出现。在这样的专业人士进行职业活动时，大家主要关注的是其效果。为了实现某个目标，他们会尝试各种职业活动过程甚至改变工作环境。

在这之中，任务说明涉及对工作的定义、需求及限制条件的设定；而任务解析则在于根据品质、费用、期限等方面的要求来制定科学、进步、实用且经济的计划。结果呈现则是向公众展现已有的成就；达到超越是指透过研究找出成效产生的缘由并创造类似或者更好的成效，从而从实践中学习获得职业技巧；成绩评估是对工作是否实现预期目标的情况做出评判；学业考核则是针对学生的知识、技术与态度的目标掌握程度做出判断。

三、从能力形成心理考察教学过程

根据学习目标或者学习阶段的差异，教育的详细步骤可以被划分为理论知识传授、智力技能训练、实践技巧培养、品格塑造和能力融合五个环节。

（一）理论知识教学过程

1. 知识习得教学阶段

根据学习理论，知识的获取源于学习者的预设及关注度。因为对学习目的的期待，学习者会保持一种激发的状态，时刻准备好接纳新知识。受学习目标的影响，学生会对新信息有所筛选，将其暂存于短期记忆里，然后新知识之间建立连接，同时与被激活的已有知识互动。最终，新知识以特定方式同脑中的旧知识建立了关联。在这个过程中，学生接触到的所有知识都属于描述性质的。对于程序性知识而言，获得的是程序性知识，也就是程序性知识的形式化表达。因此，在这一步骤中，教育的主要任务就是吸引学生的注意力，唤醒他们的既有知识。奥苏贝尔认为："最能影响学习的重要元素是学生已经知道的东西。因此，老师需要从认知结构开始，通过清晰定义知识学习的目标等方式引领学生，让他们构建出生动形象的印象，并教导他们深层次理解教材架构及其内容，充分调动他们的思考能力与学习热情，推动他们做分析、整合、提炼、归纳，做出判定和推论，从而生成概念，让学生掌握规律性知识。"

2. 知识转化教学阶段

在这个时期，我们需要把描述性的知识逐渐转化成行动性的知识。我们的目标是在这个过程中为培养技巧做好铺垫。教育者应该引导学生从他们所学到的新的知识出发，将其转换成为一种行动性的知识。同时，变化式的训练被认为是最重要的因素来推动这种转变的发生。这些信息是以各种不同的方式储存在长期记忆里，以便将来能够被取用。在此期间，老师应当不仅要监督学生回顾已有的知识，还要让他们实现从描述性的知识到执行能力的过渡。并且要注意如何连接心理技能和实践技能的学习进程，以此促进学生对于程序化知识的高效理解。

3. 知识巩固教学阶段

在初始的学习阶段所获取的信息有一部分会在后续的过程中转变为技能型信息，同时也会有部分内容会被储存起来。为了达到理性的认知水平，我们需要在老师的引领下强化我们的认识结果，并将其深深烙印于脑海里，这样可以为我们未来继续探索新的领域打下坚实的基础。只有经历多次实践，人的认知才能够得到稳固，然而在学校教育环境下，学生们能快速且简洁地吸收了长年累积的人类智慧与经验，使得实践过程变得简单快捷，时间短促并且重复次数较少，这导致学生的记忆较为模糊，易于遗忘。所以老师应该在学生掌握教科书中的知识之后，立即引导他们深入理解这些知识点，并在他们的记忆中不断加强这种意识。并非要求学生机械式地去记忆，而是要在理解的前提下全面、精确、稳定地记住它们。如果学生对于教科书内容的理解更深，那么他们的记忆就会更为持久。因此，在授课期间，老师们应当协助学生有效而且正确地进行复习工作，从而确保他们在记忆中保存下来的知识更加牢靠，便于日后的任何时刻都能调用出来。

4. 知识迁移教学阶段

转移是关于从某个环境中学到的技巧、理解或者建立起来的观点如何影响到另一个环境中的类似任务完成情况和新观念的发展的过程，简单来说就是"一次学习的效应会影响另外一次学习"。所有的新型知识获取都是基于之前的经验之上产生的，没有不受之前思维模式干扰的新知识产生的可能，换句话说，每个知识点的学习过程都会涉及某种程度上的转移。教育者不能一次性教授全部的知识和技能给学生，但是需要让他们掌握能够应用已知信息解决问题的能力，这意味着老师应该教会学生如何运用他们的现有知识和技能去有效地处理问题或是迅速适应新环境。在教学的过程中，教师应当主动创造多种场景，让学生能立即将已经记住的信息灵活运用于实践，实现知识的实际应用。然而需要注意的是，正向和负向转移可能带来的不同的结果和影响。

5. 知识应用教学阶段

在这个理解与使用的学习环节中，各类信息都被用作解答各式难题的关键要素。其中一部分描述性的认知内容会被抽取并作为回答"什么？"这类疑问的基础元素之一，而另一些操作型的认识则会成为处理外部事务时所需的方法论基础的一部分。对于那些需要主动根据提示来获取的信息来说（即从记忆库里调出）——也就是我们说的关于事实类的知识点，其吸收的过程是有意且基于逻辑推理的方式实现的。与此相反的是，当涉及如何解决问题的时候，比如在外部环境中的行动策略等，这些属于流程型的内容常常是以迅速并且自动化地启动的形式呈现出来的。此时的主要目标就是让已学到的理论转化为实用的能力和技术水平，使得学员们能在已经学会的新知基础上发展他们的才能。这对学者来讲意味着他们要能够有效利用自己手头的所有资源去应对现实世界里的挑战。原因在于：首先，学生的首要职责是在日常生活中充分展示自己的才华从而更好地适应社会的进步需求；其次，通过有效的应变措施可以促进个人技艺的发展提升；最后也是最重要的，这样能增强他们在面对复杂情况下的思考及决策能力的提高程度。因此说，无论是做练习题还是参加实地考察活动或者其他任何可能的机会都可以看成是对已有信息的活化方式的一种体现。而在教育过程中这实际上是一种评估成果的行为表现手段。之所以如此是因为一方面我们要明确哪些东西才是真正重要的核心价值所在（例如像上面提过的那种类型的事物）；另一方面我们也必须清楚怎样去做才会更合理高效些呢？所以这就需要我们采取相应的标准方法设定合适的场景以便得到客观准确的结果了！

(二) 心智技能教学过程

心理能力是在学习过程中发展出的遵循规则的思维行为模式。现有的许多关于学习技巧、理解方法和自我监控策略的研究都可被视作心理能力的一部分，这对于知识学习的效率有着关键性的作用。获取知识的过程通常需要经过一连串的思考行动来实现，这些行动构成了基础，使得我们能够有效地吸收新信息。同时，心理能力也由符合规律的行为构成，它们对我们的思考行为起到调控作用，从而间接影响了知识掌握的全过程。一般来说，心理能力的构建可以分为以下几个步骤：首先是模型确定阶段。模型就是指事物的基本形态，也就是现实中的具体表现形式。这个阶段的目标在于理解这一种具体的实践模式，包括其各个部分及相互关系等等。在这个基础上，人们会在脑海里形成一种与该项任务相关的概念图景，这就是心理活动产生的基石；其次是模型应用阶段。这个阶段要求我们将之前在大脑中所设定的方案用实际行动去执行，这样做的目的是为了给下一步做好铺垫；最后是模型整合阶段。这个阶段的主要工作是对之前的所有努力加以总结，使之从外部转化为内在，并借助内心的语言工具，让个人能在心中模拟出一套完整的流程，并且可以用简洁高效的方式来处理问题。

教育在心智技巧的塑造上起着决定性的影响，有效的教学方法能够帮助学生建立有用的心智技巧，让他们掌握学习的方法，并推动他们成为自主且具备能力的学习者。基于心智技巧的塑造规律，我们设计了以下的教学流程模式：

在应用上述教学模式时，需要注意四点：

1. 心智技能的形成依赖于学习者所获得的知识，脱离知识的技能教学是不可能成功的。因此，在心智技能教学中，教师首先要讲授丰富的知识，以促进学生对新信息加工，保证技能的形成、发展与应用，为促进各种技能的整合，为解决复杂的问题提供前提。

2. 内部的心智能力发展是一个由外向内的转变过程，它是对实际行动的反应。而这种行动的外部模型就是心智能力的真实运作形态，它的确定直接影响到心智能力的建立难度与质量。因为心智能力是在内在、压缩且自动化地运行的，所以仅凭对外部的观察很难完全理解和预测这个过程，这也给心智行为的真正表现形态的确认带来了挑战。为了确保这些行动模式的高效性和适宜性，可以利用对专家（或者学员）内心想法的信息解析或是借助心理学上的模拟活动来明确这些行动模式。同时还需要考虑到学习的适应度，也就是看学生是否能用此种方法掌握心智能力。

当以外部行动模式作为基础去教导心智能力的时候，需要遵循一些基本准则：首先，除了传授具体的技巧之外，也需包含关于自我监控的相关知识，告诉他们何时、何地及怎样运用这项技术；其次，要激起并且保持学生的积极参与感，让他们始终怀有强烈的学习热情，从而营造出思考的热烈氛围；最后，无论是采取直观教育还是互动式教学或者是其他的教学手段，都必须让老师把技巧和策略具体化、流程化。这样可以让老师们通过"大声思考"的方式展示出使用技巧和策略的过程，并引导学生们按照卡片的形式记录下策略的具体实施步骤和执行方式等等。

3.在老师的引导下，学生需自主完成任务。为了让学生熟练运用已学到的技巧和方法，老师应尽量在课程里设置实际场景来训练他们，这个过程需要学生用实际行动去展示他们在脑海中构建好的步骤流程。在授课过程中，老师应该协助学生拓展思考能力并梳理思绪，让他们对各个环节（如动作构成、每个部分及其先后次序）有清晰的理解，然后逐渐深入，同时持续更换目标物体，以便学生能将心理活动的执行模型用于处理多种问题，从而为下一阶段的学习打下基础。

4.老师再次设定新的挑战，引导学生来完成。在此过程中，老师并不需要用语言明确地描述每个活动的环节，而是让他们自己思考并执行这些步骤。虽然他们可能无法完全理解每一个动作，但是他们的确遵循了这个流程。

在这个时期，他们早已脱离了实践的束缚，并将其转化为一个成熟的思考方式。他们显然大大减少了表面上的言语活动。随着训练的持续深入，复述的言论逐渐消失，新的技能得以培养。

（三）操作技能教学过程

学习操作技能是在学生掌握了必要的知识，特别是将其转化为程序知识后进行的。依据操作技能的发展过程，我们设计了以下的操作技能教学流程：

1. 操作示范教学阶段

教师在授课过程中展示各类实体、模型和挂图。

实践与展示操作技巧能使得学生们透过观摩来获取直觉性的理解，从而建立起对于所学主题的认知，并有助于他们正确地构建理论框架，熟练掌握操作技巧。在职业教育的学习环境里，我们需要以目标导向的方式去训练学生的动手能力（特别是在技术类课程上有所体现）及思维能力（尤其体现在通识课程方面）。首要任务是让学生从老师或者技师的现场操作演示中学到事物具体的形象描述。这种方式能够把复杂变得简单、单调变得有趣，具有强烈的教育吸引力。然而，并不是所有学生都能完全接受这样的示范方法。因此，为了确保高质量且有效的教学效果，通常情况下，我们在使用示范法的时候应该关注以下几个要点：

（1）教育工作者必须具备卓越的技术演示能力。对于技术指导的教育者来说，他们需要不仅能清晰地解释理论，还要精通实际操作。所以，对职业技术学校的专职教员有"双师"型的期望。

（2）预备课程中必须执行适当的媒介规划。利用教育工具，能够把学生难以亲身接触到的实际情况与景象生动地展示给他们看。方式繁多，例如使用图像、视频、投影仪、电影、电脑仿真等等先进的技术方法，以便让信息的表现更加精确、便捷且容易理解。

（3）示范的动作要正确、规范、熟练。示范操作必须在"范"字上下功夫，操作一定要正确、规范。因为学习者通过观察示范后进行模仿，错误的示范直接导致错误的模仿。如餐饮教师示范上茶水，不仅水量要合乎要求，而且倒水的姿势要优雅，动作也要十分准确。否则，学生一旦学习了错误的操作动作再进行纠正，恐怕要比学习一个新动作更难。其次，示范操作还必须熟练。研究发现，当学生观察动作熟练的教师进行示范时，学习的效果较好；当学生观察动作不熟练的教师的示范时，学生学习的效果要比前者差。因此，示范质量的好坏，示范动作是否正确，对于学生能否获得良好的操作技能，往往具有决定作用。

（4）让学生仔细研究示范的主要特性和关键环节。在进行示范之前，教师需要向学生提出观察的重点和难点，以及那些不能被忽视的细微部分，这样可以激发学生的问题感和兴趣，使得示范效果更为显著。

2.过程讲解教学阶段

在职业技术教育的教学过程中，通过教师的示范，学生获得了对事物的表面映象，这只是对事物的概要感知。只有通过教师的进一步讲解，学习者才能较为概括地了解现象与过程之间的联系，了解事物构成的基本原理及操作步骤，获得更多的促进技能形成的重要信息，掌握每个操作步骤的要点及关键所在，从而具体、全面地掌握操作知识，为最终达到教学目标的要求奠定基础。教师运用讲解时应注意以下几点：

（1）讲解要与示范相结合。首先，分步讲解与分步示范相结合。分步示范是把某一工序分解成若干工步呈现给学习者，以便逐个工步地学习。使学生从个别的工步入手，形成具体的、单个的映像；分步讲解使学习者了解某种技能的有关知识、性质、作用、工步的难度、要领、注意事项、工序进程等。其次，整体讲解与整体示范相结合。将某一工序的各个工步联为一体，按顺序依次展现给学习者，并将每一工步应注意的要点、细节进行强调，使学生进一步了解工序的全貌。

（2）教学需要有体系化与条理性。当老师授课的时候，应当根据学生的理解过程来设计课程，逐步深入、难度递增、逐渐复杂。同时也要遵循知识点自身的结构，先是总体再到细节，然后再回到总体。比如，在教授铅球抛射技巧的过程中，老师首先通过演示让学生了解整个流程，然后利用分解的方法把整套动作分成若干步骤去详细解释，引导学生关注每一个环节；接着用整合的方式再次阐述并解析全部动作，这样就能使得学生更清晰且全面地学习所需的知识和必须达成的技术。

（3）阐述应具备深厚的科学与思维深度。无论是在描述概念或理论，或是解析各个执行阶段，老师都需要确保准确无误。在此过程中，根据教育内容的需求，可以适当地引入科学家们卓越的研究方法及解决问题的策略，以激起学生的热情并培养他们对于学科的喜爱之情，同时增强他们的决心和毅力去面对挑战，形成严格的科学观念和勤奋踏实的职业习惯。

（4）教授应擅长调动学员们的思考能力。教学过程中，老师需要充分利用教材的内容及其价值去激励学子的探索精神。为学子提供提问的空间是必要的，并鼓舞他们在疑问中寻找答案、挑战难题；这样能推动他们的主动思索进程进而促进智慧的发展。

3. 模拟训练教学阶段

教育过程中的技术和职业培训需要学员们根据老师的演示及解释来深化理解并外化成实际行动。而对于技巧性的工作来说，仅仅停留在脑海里的理论是远远不够的；必须经过实践才能够真正领悟到其精髓所在——一套系列化的规则行动模式。因此，我们不能只依赖大脑去认识这些行为构造与其实施方法，没有亲身的体验就无法获得这项技艺的能力，借助仿效的过程能让我们检测出已经学到的运动导向图像是否足够完美且稳定可靠。此外，老师可以在虚拟场景里设置一些问题或障碍供同学们解决或者识别以达到全方位的学习效果，并对他们的应用能力和水平做出评估。同时也能让他们明白犯错可能带来的严重后果以便增强他们做事的责任心。所以我们可以看出构建虚构情境的重要性在于它决定了练习的效果程度。为了营造逼真的氛围，我们的任务就是尽可能还原真实的现场状况并在其中投入更多的精力。唯有这样方能激发同学们的职场认知度提升协作沟通等方面的素质也使得他们在工作中更加得心应手娴熟自如。

4. 操作整合教学阶段

整合是指将模拟过程中所学的动作稳定化，并将各个动作元素互相融合，构建成稳定的、一体化动作。因为初学者在模拟期间产生的动作和理解都是初级的、分散的、浅显的。经过整合后，学者的运动能力不但能提升，使得整个流程更加顺畅，动作构造更符合逻辑且和谐，还能让个人对于动作的有效操控逐渐加强。所以，整合是构成操作技巧的关键步骤，它代表着从模仿向精通转变的过程，进而为学员的动作掌握提供稳固基础。

在这个时期，为强化学员们从仿真练习中学到的技巧，教育者可依据各个学科的需求，安排一系列重复性的任务，让学员通过多次实践来吸收并掌握每个步骤的技术要点。同时，应视学生的具体状况去确定重复作业的周期与难度。

5. 现场实习教学阶段

尽管虚拟职场场景确实能提供一些实际经验的基础知识，但它并不能完全等同或替代现实中的工作经验所带来的挑战及变化。此外，参与人员的心情也可能受到周围氛围的影响而发生重大转变。要真正掌握某项技术或者提升自己的综合实力，就必须要亲自投入工作中去体验才行。所以说，实地考察训练对于把技巧转化成真本领至关重要的一环。在这个过程中，学员们的行动会变得更加熟练流畅、和谐一致而且精确无误，同时他们也能从中汲取敬业精神和服务大众的态度这些宝贵的品质。这五步教育流程是从实际行动出发再回归实战的方式，这是人类认知世界的基本过程模式；也是让个人素养和生活方式得到持续改善的一个循环往复的学习历程；第二轮练习相较第一回有了更深层次的内容理解和价值体现。

（四）品性养成教学过程

品格是个人特质与个性的一种体现，其形成并不依赖于天生因素，而主要源于社交学习过程中的积累，特别是对于工作态度（专注投入的工作热情及创新意识）、对工作的信仰、职业操守等方面的影响尤为显著。优秀的品德需要在家庭的熏陶、社会的引导和社会教育的共同作用中逐渐培养出来，并借助他人榜样行为的启示、指导和建议，使之成为自我内在的一部分，进而实现转移和转变。

通常，个性的塑造和转化必须经过顺从、接纳以及内化这三阶段，其中接受是最关键的一环。根据这个原则，在职业教育的教学过程里，我们将对个性培养的教学流程进行如下设计。

1. 引起欲望

无论何种学习方式，如果缺乏求知欲，就不可能有所提高。要想培养理想，提升品质，更需要源自内心的驱动力。教师应鼓励学生做一件好事，而非为了其他目的，只是因为他们认为这是必须做的。只有这样，适当的行为才会变成一种习惯。

2. 分析情境

由于学生的善良品质可能被误导或滥用，他们可能会偏离正轨，这表明智力和品质之间存在紧密联系。虽然聪明且富有才华的学生未必拥有优良的品质，但是若无足够的智慧去权衡事物的各个方面并形成高尚的价值观，那么他们的行为就难以达到理想的标准。因此，教育者需要引导学生深入理解各种情况。

3. 拟定计划

虽然有行善的决心，并且理解了什么是善，但如果没有实施这个计划，那就不能成功。教师需要引导学生制定执行计划。

4. 加强实习

提升品质并非仅依赖抽象的理念，必须通过实际行动去培养。一旦某种行动被重复执行并形成习惯，才能视为稳定的品质。在学校教育过程中，我们应该强化实践与训练的部分，让学生能在真实的职场场景里深入体验到创新思维、专注于工作及积极的态度等等。因为校园是我们生活中最主要的环境。

所以，我们必须关注学校环境如何对学生的优秀品质形成产生微妙且深远的影响。比方说，教师在人格和道德上的引领；优良的育人氛围；以及和谐的师生关系等。

（五）能力整合形成的教学过程

虽然我们可能已经获得了某些知识、品质或者技巧，但这并不能保证我们的综合素养和相应的能力得到提升。学生的整体能力和个人素质的发展需要依赖他们参加特定的工作任务或是模拟的环境，并且利用现有的知识、品质和技术去实现转移、融合和分类的过程。这种迁移不仅仅发生在不同学科之间的知识上，也在技能和性格特征间发生，甚至在这些因素内部也有所体现。比如，一个人如果熟练掌握了一个专业的知识，那么他也更有可能会掌握这个行业的相关技能；而高效的学习过程也会促使人获取更多相关知识。对于一些道德准则的理解会影响到人的行为习惯的养成。因此，我们可以看出，迁移反映的是经验之间的互相影响关系。通过迁移，各类经验可以被连接起来，使得经验体系更加完整，这样就能达到培养个人的综合素质和提高其能力的目的。从这点来看，迁移是一种让学到的经验能更具普遍性和系统的有效方法，也是决定一个人的能力和品格发展的重要阶段。教育的终极目标并非仅仅把知识和经历储存在大脑里，而是要把它们运用到各种各样的实际情况中以产生能力，以便解决问题。唯有经过大量的迁移，原本的经验才能被改良，变得具有一般性和系统性，进而使原有经验体系更加完备且丰富，持续整合成稳定的精神调控机制，以此全面、有效地调整个体的行动，处理实际问题。融合和归纳是体验的统一表现形式，也就是透过总结，让新的和过去的经历互相影响，最终产生一种结构上的完整性和系统的协调性，同时具备稳定的调控活动的功能。当教育者能够主动运用转移、融合和归纳的原则时，他们可以在改进教导的过程并提升其成效方面发挥积极的作用。

根据这个原则，我们可以描述一下职业教育学生通过转移、整合和分类等教学步骤来塑造素质和获取能力的过程。

1. 设定融合式练习题目的过程中，老师首先要依据教学目标与学员心智构造的目标需求来设计问题及期望。通常来说，我们在制定融合式练习题目时需要考虑到几个关键因素：第一是确保其覆盖了全部教学目标，并且完成了学员心智构造的需求；第二是要激发学员的学习热情，同时具备他们解决问题的能力；第三则是要有实际应用价值，操作起来方便有效。

2.拟订整合训练计划。学生根据确立的题目,利用自己学到的知识、技能和态度,通过亲自动手分析研究,发现了事物的规律,提出自己的整合训练计划。这一过程充分满足了自我实现的需要,也为下一步进行实践训练做好了充足的准备。

3.执行教学方案。根据该方案的指导,学员们透过探索式的学习过程、技巧提升及性格塑造等方式,对原本掌握的知识、技术与个性特征实现了转移、融合和归纳,进而培育出优秀的特质,并拥有强大的实力,有时还能推动创新思考和创造力的进步。

4.评估。评估方式涵盖自我评估和教师评估,有时也可能采用同学间的互相评价。评估项目与准则应该符合课程目标中关于普遍技能和职业技能的各种指数要求,并特别注重对学生在品格和才能等领域的表现进行全面评价。

5.老师需要鼓励学生们把他们的研究成果带到教室里分享,这样他们可以在相互展示的学习成果过程中进行修正与提升。作为一名始终如一地参与学生互动活动的教育者,他应该提供协助及指引。在这个热烈的对话环境下,我们可以达成共识,最终得出科学的结果。为确保我们已经达成了这个结论,教师还需要安排一些适度的练习任务,以帮助学生更深入地理解和应用这些知识。

第四节 职业教育教学情境

某些学者对教学场景进行了界定,将其视为一种特殊的场所,包含了教学具体情况下的认知逻辑、情绪反应、行动方式、工作角色和社会进步过程等多方面的元素。他们强调这个教育场景与教学体系之外的大型"环境"(如社会环境或自然环境等)有所区别,它是课程教学系统的内部构成要素之一,不仅具有物理性和实际性,也具备心理性和人为性,是一个经过筛选、设计和建立以服务学习的小规模环境。

一、教学情境的功能

（一）教育导向功能

教育的指导作用在于职业教学场景中的各个元素共同且统一地发挥影响，以激发学生积极接纳职业价值观与职业行为标准，并引领其走向教师预期的路径。这种职业教学场景是由满足学生生理心理成长需求、培育人类的社会责任及职业活动的实际需要的学校设计和组织的。通常情况下，这个场景会反映出某种文化和价值观念，也展示了教师对于受教者的期待。这些规定和希望被融入校园的所有环境要素里，构成了富有教育性和启发性的教育资源，指引着学生的思维方式，约束着他们的行动模式，塑造着他们的性格特征。

（二）凝聚激励功能

教育场景的整合激发作用构成了当代教育的心理特性。优秀的教育场景具备强大的吸引力和影响能力，能够把人们聚集起来并让他们感受到归属和认可。此外，优秀教育场景中的一切环境元素也可能变成推动教师和学生学习热情的关键驱动力。

（三）传播整合功能

在学校教育过程中，教师有能力利用各类教导工具来满足教育的需求，通过对大小、距离、速度、数量、真实和虚拟、细节和大格局等元素的转换，使得学生能够亲眼看到并听到所教授的内容。此外，我们把科技研发和工业实践融入了课堂，实现了产业、学习和科研的一体化，为我们提供了最佳的教育条件。

（四）愉悦身心功能

根据环境心理学与当代教育理论的研究成果显示，学校的学习及生活环境应该是一个融合了课堂、公园和游乐场的环境。理想的教育环境应该是把这些元素结合在一起的综合体。各类教育教学场所对人类身体和心理的健康有着显著且深远的影响。此外，美观而健康的校园自然景观能够带来舒适和放松的感觉。如今，互联网技术已经成为教育的核心工具，让学生们可以在更广泛的空间内获取信息并使用创新的方法来学习。同时，优质的教学氛围有助于唤醒学生的艺术感知力，塑造其正确的美学观念和崇高的审美情感，拓展他们的审美思维，提升他们欣赏美、评价美和创作美的技能。

二、教学情境的特征

本文主要探讨的是职业教育中以行动为导向的教学环境与其他类型的教学环境相比较，它们各自具有独特的特性。

（一）真实性

真实的职业教育行动导向学习场景必须源自现实世界，但又超脱其本身。首先，职业教育的实践导向课程需要具备实质性的元素。若能构建出类似职场的环境，用岗位取代传统的课堂讲授形式，那么学生的体验将会让他们感到仿佛已经步入职场，这有助于他们在未来更快地适应工作环境。因而，职业教育实践导向学习的真实性能够协助实现教学系统对职业生活环境的引导作用。其次，管理的规则也需体现真实性。学生们将在这种情况下由校园的管理转向全然的企业化管理。作为员工角色，他们开始从事各种活动，包括管理工作、被管理及评估。此外，学生会被分成团队或项目小组，这些小组间的交流合作以及职责分工均遵循正式公司的运营流程，并在实施过程中严格遵守国家和国际的标准规定。最后，学生们的学习任务也需要有真实性。他们的任务来源应该基于实际工作情况。无论任务或是项目，应该是来源于企业实际情况的问题，并且应当符合当前行业的技术发展趋势，始终确保教学内容的"新鲜度"和"实用性"，所有的技术点传授和开发工具使用都要与其时下的企业项目的实际需求保持一致和同步。

（二）重复性

复现能力意味着能在短期内多次设定适合学生的职业教育行为引导式学习所需的场景和各种因素，确保他们能持续地接受练习。这也体现了其可控特性，也就是说，无论是学校还是老师，甚至是学生本人，都可以依据需求随意设立或修改职业教育的环境，并确定要学习的课程内容。

（三）科学性

首要的是遵循职业教育的教导原则。职业教育的行为驱动学习流程是根据任务或项目的执行步骤来设计的。通过实施项目化，不仅可以提升个体的技术水准，还可以提供培育个人团体协作能力和与同伴交流配合能力的平台。其次，应适应职业活动的规则。各类职业活动中存在各自的活动法则。有些职业活动按时间序列展开，而另一些可能是基于逻辑或是空间排序。

（四）规范性

在规划职业教育中行动导向的学习任务时，我们需要显著地区别与基本教育的实践学习。例如，对于电子技术试验，通常使用柔韧的电缆来构建，并测算出其中的各种物理参数，以此证明特定的原理或者公式是正确的。然而，在职业教育中实施行动导向的教育方式并非如此，其往往会提供具有特定功能性的路线，比如多层住宅楼道内的灯光系统、答题器的设计方案、机器设备操控面板的一部分线路等，以便使学生理解到各式各样的电气系统的真实运用场景。此外，职业教育行动导向教学还需规定学生必须遵循电工作业标准去选择和布置电线和辅助材料。

（五）经济性

为降低职业教育的行动导向教学费用，人们普遍选择创建虚拟的环境。这种方法具有以下优势：首先，可以节省资金。购买一套数控机床仿真软件需要花费上千元的费用，然而一台国产的数控机床的价格通常会超过十万。其次，这有助于缩小场地需求。通过利用计算机和办公桌上的软件，就可以存储大量的先进测量工具、零部件等，无需额外占用空间。此外，此种方式能够提高安全性。对于涉及大型机械设备的职业教育行动导向教学活动，先以软件系统或者仿真模式进行操作，然后再实际应用实体系统，这样不仅可以防止设备受损，还能确保师生的生命安全得到保障。最后，这一做法还可以提升学生的信心。例如，可以通过不同的编程方案完成一项数控加工任务，也可以通过多种电路实现一种电子产品的功能，借助仿真与模拟软件，学生可以在短时间内验证他们的想法是否可行。

三、教学情境的技术

在构建教学时，想要最大程度地激励学生学习积极性，我们应该从专注力、目标性、自信和满足感这四个方面入手，并充分利用好这四种技术。

（一）引起并维持注意力的技术

主要涉及三个层面：改变教学材料的展示形式；通过具体案例进行阐述；利用各种手段使得教学资料中包含一些矛盾、冲突和惊奇。

（二）加强针对性的技术

主要涵盖三个层面：保证学习内容与学生的现有知识和经验相结合，减少新学习材料（内容）的陌生感；阐述正在接触的知识、技巧和态度等的现存价值；逐渐让学习者认为当前所学的对未来具有重要意义。

（三）建立自信心的技术

核心涵盖了三部分：清晰而直接地展示学习目的。学生通常期望了解学习的最终目标，也就是期待事前得知学完后需要理解的内容；课程设计及学习任务应逐步推进，以便使知识易于消化吸收；鼓励学员持续提升对自身学习流程的管理能力并实现成功的成果，若给予他们适度的管理教导权利，则他们的信心将会保持或增加。

（四）产生满意感的技术

对于每个学习活动来说，满足感的获得必须依赖于给予反馈来实现加强效果。一旦产生了满足感，它不但能提升学者的自尊心、保持他们的专注力，还能进一步演变为自我管理的技巧。这主要包含两点：一是针对学者的学习成果给出反应，如果他们在某个学习项目上取得成功或者达到了预定的目标，就要及时地予以肯定，这样可以让他们看到自己已经具备了哪些能力，从而感到满足；二是激励他们做总结与推广，当他们学会一项技术后，应该鼓舞他们把这项技术应用到相似或全新的环境里，这样做既能增加他们的满足感，也能激发他们的学习动力。

第五节　职业教育教学原则

作为一种基础的教育工作指南，教学理念基于教育的最终目的并体现出其固有的规则来设定。因而在实际操作过程中，这些规范不仅适用于老师的行为方式还包括学生的学习方法，需要贯穿整个学习流程的所有环节与阶段之中。这是一种对于知识传授活动的核心特质及深层法则理解的方式，也是引导有效的课堂实践的关键策略及其行动标准。

鉴于众多关于课程设计的系统阐释都涵盖了一些关键的原则内容，我们在这里仅讨论那些具备职校特征的重要概念：职业技术培训旨在培育高级技术人员或高质量劳动力群体的一类特定学科类别。由此可见，专业技术训练被视为该领域内主要的目标任务之首位。故此，探讨相关的专业技巧授课方针就成了这一领域的教研主题中重要一环。

一、在技能的塑造过程中，心智技巧起着决定性的作用

技术可以被划分为心理技巧和实际技巧。其中一种类型是以可见的方式执行一组规则的活动模式，它能通过身体行动如速率、大小、力度、精确度、连续性和协调性等方面来体现。另一种则是内在地完成一系列思维处理的过程，这是无形的思考方法，它的基础形式一般包括信息编译、储

存及整理、形象构建、经验比较和逻辑分析等等,并且基于这些形成多种复杂的思维处理策略和解决问题的方法。高级的技术能力需要对两种类型的技能都有深入理解并同步提升。

尽管重复训练是掌握技巧的关键步骤之一,但是这并不意味着它只是简单地被当作一种机器式的程序执行而已;实际上,这个阶段包含了心理活动的管理与控制部分。无论是在理解手部运动的方式上或是通过模拟或融合等方式去完成任务的过程中,都需要运用到各种层次不同的思维能力如:怎样处理行动的信息?怎么构建视觉图像?如何感知身体的感觉反应?使用何种有效的手段记住一串连续的手势,并保持其顺序不变等等问题都是思考的一部分内容。只有借助这种高级的能力,我们才有机会使我们的行为变得有条理化且精确无误,进而并且能够适应实际环境的变化而做出创新型的调整或者改革。所以在这个发展进程中,思想上的能力和技术才是起决定作用的部分。

二、实践方式对于心智技能塑造的作用

心智技能学习一般通过原型定向阶段、原型操作、原型内化三个阶段。原型即事物的原样,由于心智活动具有观念性、内潜性和高度简缩性的特点,不易为人直接感知和把握,但也有其外化的物质原型,即实际的操作活动程序、实践模式。

原型定向即了解这种实践模式,了解动作结构,各动作成分及其顺序等。该阶段个体主要是在头脑中形成程序性知识。通过原型定向,个体在头脑中形成了有关活动方式的定向映象,而这种定向映象一旦建立,它就可以调节以后的实际心智活动,同时也是心智活动产生的基础。

原型操作即把头脑中建立起来的动作程序以外显的方式付诸实施,在该阶段,活动方式是物质化的,即以外部语言、外显的动作,按照活动模式一步步执行。在操作的开始阶段,需要逐步展开,并不断变更活动对象,

也就是说，学习者将心智活动的实践模式程序应用于多个问题的解决，以便为将来的内化提供基础。个体在该阶段的活动是展开的、外显的，并经常借助于外部言语的引导和外部辅助手段，个体尚不能摆脱实践模式，而是依赖实践模式进行活动。

在原型内化发展阶段，心理教学活动的实际教学模式会向大脑中转移。通过使用大脑内部的语言，个体能够进行有序的心智操作，且这种操作可以非常简洁和迅速地完成。因此，在心智技巧形成的过程中，实践模式起到了指导性的作用。

三、在职业生涯中，实践模式的主要种类

根据其价值追求和行为特性，技能型人才的职业操作可被分类为三种模式：过程引导、情景引导以及效果引导。

（一）过程导向实践模式

此种实践方式以进程为核心，其特点在于工作程序一经设定便不会再有变动。这种类型的工作通常发生在科技领域，如处理各类机器设备的时候，工作的步骤往往会被固化。对于技师而言，他们所完成的工作任务就是制造出满足设计标准的产物，所以他们的劳动成果主要体现于执行的标准与规则上。唯有严格遵循生产流程、作业准则及安全规定来开展工作，才有可能达成产品的目标规格。反之，若未能遵守这些原则，可能会导致设备利用率低下、原料成本增加或者延误交付日期等后果。

技术类职业技能型人才采取什么行动，取决于任务的不同和所处过程阶段的变化。任务和过程阶段一旦确定，操作规范和标准就确定了。技能型人才职业活动的特点是由事先确定的过程程序所支配的，即技术类职业技能型人才的职业活动具有典型的过程导向特点。

（二）情景导向的实践模式

以场景为引导的实操方式的主要特征在于工作流程并非一成不变，而

是在随着职场环境变化的过程中持续优化。这种类型的工作通常存在于服务行业中。由于现代服务行业的个人化服务概念需要员工在提供服务时根据客户或环境的需求做出相应的变动。对于服务性质的专业人士来说，他们工作的目标就是让顾客感到满足且享受愉悦的服务体验，所以这个过程的关键就在于掌握顾客对服务的期望。唯有准确预测出顾客接纳服务的心理期待，才有可能在顾客提出需求前就让他们感受到满意与惊讶。社会的和平进步被视为大众共同的目标，而服务类的专业人员的实际操作所带来的价值不仅有其深远的影响力，也具备了更为广阔的社会意义。

对于那些从事服务行业的人来说，他们需要根据不同的客户需求和服务场景来决定提供何种服务。这些需求可能会因为文化的差异、年龄、地位、性别、宗教信仰或情绪波动等原因有所区别；同时，服务的场合也会受到周围环境、处理的事情类型及时间点的影响。因此，当我们将顾客的需求纳入考虑范围时，我们可以发现，他们的工作特性是由其所在的环境驱动的，也就是说，他们在工作中有着明显的情境驱动特征。

（三）结果导向的实践模式

实践模式的特色在于其职业活动的流程并非固定，也不会受到职业环境的改变。这类型的职业活动通常在文化艺术行业中出现。艺术技能型人才的职业活动最终目标是让相关群体享受到美好的艺术体验。

所以这种工作职责的具体体现是对特定群体如情感、文化和审美的理解和掌握。唯有深刻了解这些群体的需求并满足他们的期望，才有可能为他们带来愉悦的美学体验。美丽一直是人们所向往的目标，而艺术则是美丽的最高境界。艺术家们的工作不仅能创造出高雅的艺术品，同时也承担了一定的社会义务。

对于文化艺术类的专业技术人员来说，他们会选择何种方式来开展工作，这完全依赖于他们的目标群体及其期望实现的目标结果。这些人可能会因为各种因素如文化背景、年纪、社会地位、性别、宗教信仰及情绪状态等等有所差异；基于这种多样化的群体需求，他们将会采用相应的技术手段以期达成预期的艺术成果。所以，这类专业技术人员的职业行为特征是由其预期效果驱动的，也就是说，他们在执行工作中往往带有明显的成效导向特性。

四、技能教学在职业教育中的基本原则

教育理念是在遵循教育目标的基础上，体现出教育的法则并为之设立的基本规范。这揭示了我们对于教育过程核心特质与深层法则的理解，它们作为有效的指南针和行动规则来引导我们的教学任务，以推动学生的职业心理能力发展为目标，依据职业活动的实际操作方式，提出了相关的教导原则。

（一）过程导向行动教学原则

根据过程导向实践模式所具备的特征，如职业活动的场景较为恒定、流程比较稳固且成果的标准统一等，教师在授课过程中应该坚持过程导向的行为教育理念，以便推动学生的心理技巧发展并提升他们对有序进程思考及严谨操作标准的理解能力，进而确保他们在实际工作中能按照预设的要求达成目标。

（二）情景导向行动教学原则

依据情景导向实践模式具有职业活动情景多变、千差万别，过程随情景变化而变的特点，在教学时应遵循职业活动情景导向原则，以促进学生能把握服务对象接受服务的心理预期心智技能的形成，从而进一步掌握服务技能，以保证服务对象满意并惊喜的消费体验。

（三）效果导向行动教学原则

由于效果导向实践模式主要强调结果而非职业活动的实际操作流程，因此在授课过程中我们需要坚持职业活动的效果导向准则。这样可以促使学生能够理解并适应不同群体的情绪、文化和审美的需求，进而提升他们的艺术技巧，确保达到理想的艺术效果。

应用于职业技能教育的原则不仅能增强学生的解题技巧,更关键的是他们掌握了各种工作实务方式的特性。对于技术类的技能型人才来说,这有助于培养严谨的逻辑思考能力和对操作标准的尊重;而针对服务型的技能型人才,则会塑造出以场景为引导、注重情绪反应、具有弹性应变能力的思维方式;至于艺术类的技能型人才,他们的特点是富有创意精神、具备开放式创意思维的能力。

第六节 职业教育教学的组织

教育管理方式是指依据特定的教导理念、目标与主题及学生的主观与客观需求来设计并实施教育的策略。在职业教育过程中,常见的有技术学习、工作任务训练、课题式教学以及职位导向型培训四种教学模式。本文重点探讨这四种教学活动的具体执行方法。

一、技能教学的组织

部分技术性的知识必须经过长期的学习与实践才能够掌握,若将其融入任务式教育、课题式学习或是工作场所的教育环境中去执行的话,可能会导致其目标被模糊化。因此,通常会选择那些需耗费较多时间来学习的技巧作为独立课程进行教授。一般来说,技术的习得进程可以分为四步:定位、模仿、整合及熟练。对于技能教育的规划应依据每个阶段的技术特性而定。

(一)定位阶段的教学组织

在这个阶段,我们需要确定的是对各种技巧的具体实施方式,也就是让学习的主体能够理解并掌握这些技巧的基本组成部分及它们之间的联系。这其中包含了两层含义:首先是对特定任务所需要的各个元素(如步骤)

及其相互关系的认知；其次则是对于执行该任务的方法或模式的认识，例如完成某个过程所需的路径、角度、力度、速率、频次、动作间的过渡等等。

在操作技巧的发展过程中，定位导向是一个至关重要的步骤，其特征在于短暂的时间内却具有决定性的影响。所以，精确的定位印象能对实践动作产生有效的调控，而没有定位印象的行为往往表现为无目的的探索，效果有限。由此可见，我们不能轻视此阶段在操作技巧发展中所起的作用。由于如果定位出现错误，纠正的过程将会非常艰难。因此，对于操作技巧定位阶段的教育安排，通常采取个人或团队的形式。借助视频、动画和图像等教育工具的支持，也可以使用全班的方式来实施。

（二）模仿阶段的教学组织

模仿操作就是实际展示特定的行为或动作模式，其本质是将思维中形成的方向感以实际的动作呈现出来。在模仿阶段需要严格遵守规定，不能有任何偏差，也不能过分追求速度，而忽视了方向感所设立的操作标准。

所以，在模拟教学阶段，我们强调学生的模仿行为必须紧密关联于教师的观察。通常，我们会采用小组式的教学方法来进行教学，对于一些关键技能，甚至可以选择个别化的教学方式。

（三）整合阶段的教学组织

融合是指将学习到的行为模式稳定下来，并将各个部分连接在一起，构成稳定的和统一的行为。在这个过程中，我们不仅能提升我们的行动能力，优化其结构以达到合理的和谐状态，还能让初期的抽象理解得到实践。同时，我们也逐渐加强了对于行为有效的管理。所以，融合是执行技巧发展的重要步骤，它是一个由模拟向精通转变的过程，也是建立高效活动形式的基础。因此，经过这个阶段后，我们要确立标准的工作流程。

所以，在整合阶段的教学组织中，不建议采取班级教学组织方式，但也不应该过于依赖个体教学组织方式。相比之下，小组教学组织形式更为有效。教师需要重点关注每个人的操作连贯性和规范性。

（四）熟练阶段的教学组织

操控技巧的精通标志着其最终完善的过程，这是通过对动作模式的抽象与体系化的结果所达成的。这个阶段耗费时间最多且最为艰辛，因为它往往让学习者在这个过程中丧失信心。通常来说，学习者的进步历程可以被划分为四个阶段：初级学习阶段、基础能力构建阶段、瓶颈阶段（再次培训阶段）及专业能力成熟阶段。在初级学习阶段中，所有人的差距并不显著；然而，到了基础能力构建阶段，每个人的进展速率有所不同，并且随着时间的推移，他们将会逐渐接近相同的学习进度；瓶颈阶段（重新培训阶段）则是一个停滞点，同时也是技术学习的单调时段，这决定了是否能迈入更高层次的技术专长领域，并成为检验学生和实践教师的教导策略和教学策略合理性的重要节点；至于专业能力成熟阶段，则是基于个人经验累积后，每个人都能够发展出独特的技艺风格和娴熟度从而到达的一个水平。

在这个阶段，学生的技能已经非常标准化，无需过分关注每个人的每一个动作，只要重视学生整体的熟练程度。为了创造出学生学习的竞争环境，我们应该采用大班教学的方式。

二、任务教学的组织

在实践操作里，某些工作必须由个人单独执行。此时，学生的自我解析难题、解决问题的能力及成功达成目标的需求变得至关重要。这种类型的任务教育若被纳入到项目式或职位式的教导方式中去实施，可能会使其主要目的模糊不清。任务教育的流程涵盖了任务说明、任务解读、任务实现与学习评估等四大步骤。根据这些不同的环节来策划任务的教育活动是合理的。

（一）任务描述阶段的教学组织

任务解释是对标准任务的阐述，其目的在于帮助学生理解任务的背景、主题和需求。这些需求涵盖了时间、费用、安全等方面。为了保证学生对即将完成的任务有一致的理解，教师可以使用班级教学模式。

（二）任务分析阶段的教学组织

执行任务的过程中的第一步就是建立起所需要的技能。在这个过程中，对学生养成理解并解析任务的能力至关重要。在此阶段中，我们必须依据提供的任务说明来解答如下关键问题：这是什么类型的作业？问题的核心在哪里？具体的要求有哪些？如何达到这些要求？已有何种经验储备？还需要哪些援助或协助？能利用到的相关资料和途径有哪些？

制定方案的过程基于任务解析后的结果，旨在确定执行工作的具体策略。在此过程里需解决如下几个关键点：如何有效地梳理复杂任务的专业思路？按照何种顺序排列各个操作环节才能保证合理性和连贯性？可能会面临什么样的挑战和困难？所需的资源包括物质资料、器具及机械设施有哪些？哪个阶段的工作必须接受评估？采用哪一类标准或技术手段去评定？关于工作效果评估的意见与建议是什么？

通过利用各类资讯来源并以学习者为中心的方式来获取相关资料后，我们需要综合课程提供的关联知识点并对执行工作的方式、技巧、费用与耗时等方面做出评估。为提升学者的创造力，他们可依据自身所能掌握的环境因素自由挑选不同类型的设备及技术去制定达成目标的方法策略。同时也要注重训练学者自主解析难题的能力，因此在此环节中我们可以采取个人化的教育模式实施此项工作。

（三）完成任务阶段的教学组织

执行任务的过程对于学生的成长至关重要，他们必须遵循已经制定好的计划并依照规定步骤一步步地去实践。每个阶段都需被有效地完成，这样才能使其具备独自处理问题的能力。这个过程重点在于训练学生的工作流程和技巧应用，掌握设备的使用，保持严谨的态度，等等。这仍旧需要我们以个体的方式来指导学生。在此过程中，老师应关注理论知识的准确性与技术的可靠度。

（四）学习评价阶段的教学组织

学习评价包括工作评价和学习评价，包括工作成果和职业能力两个方面。职业能力包括任务分析、计划制订、计划实施和工作评价能力。学习评价包括同学间对任务完成情况的评价和教师对学生完成情况和教学目标达成情况的综合评价。可以采取小组和班级两种教学组织形式完成。同学间的评价，为了节省时间，可以采用小组评价的方案进行；教师综合评价可采用班级教学组织形式。

三、项目教学的组织

主要的职业活动可被划为两大类别，其中一种是个人单独执行的，而另一种则必须与其他人共同协作来实现。对于那些需多人协同操作的项目来说，其难度可能较大，因此要求组建一支高效的团队并通过有效地调配资源、交流信息及密切配合以达成目标。这类任务通常被称为项目，它能锻炼出学生的基本技能，例如管理、协调、沟通等等。项目的教育方法包含了以下六个步骤：首先是启动项目发展倡议；接着建立起项目发展小组；然后制定项目发展方案；接下来开始实行该方案；之后对该项目进行评价；最后是对整个过程进行总结。

（一）项目开发动员阶段的教学组织

在开始项目之前，教育工作者需要对学生的学情进行充分的准备和激发。这包括向学生阐明项目的目的、预期的功能实现、技术需求与学习策略，同时也要让他们理解整个项目实施的过程及其评估标准等等。通过呈现成功的实例，可以让学生产生学习的热情并更愿意投入到项目的研发中去。这种情况下，教师可以选择以班为单位的方式进行授课。

（二）成立项目小组阶段的教学组织

通常情况下，项目开发团队的组建会依据学生数量、项目难度和个体技能等多项指标进行考量。每支团队都会从内部成员中挑选出一位负责人作为领导者。该领导者的主要工作包括在老师的引导下制定整个团队的项目发展策略，并负责对所有成员的任务分派与执行情况的管理和监控。

虽然这里的教学方式是小组式的，但实际上，为了提升项目组长的领导、组织和沟通技巧，以及培育能够承担各种角色的项目组成员，教师应该采用个别化的教学组织形式，根据学生所扮演的角色进行针对性的教学指导。

（三）编项目计划书阶段的教学组织

教师给出了一个项目开发计划书的示例，详细解释了项目执行的步骤，并阐述了计划书编写的准则和需要注意的事项。

对于项目计划书的制定，主要涉及其格式、内容以及编写方法等。这是一种信息传递和知识学习的过程，为了提升教学效果，我们应该使用班级教学模式和讲解教学方法。

（四）实施项目计划阶段的教学组织

项目实施阶段是项目教学法实施的核心环节。在此阶段教师要及时恰当地对学生进行指导，解决学生开发过程中遇到的难题，并督促学生按时按量完成项目计划书中的各个开发环节，以保证学生能够顺利地在计划内完成项目的开发，达到教学目标。

教师在培育学生的团队精神和协作技巧时，不应该只针对特定个体进行单独的教学安排。相反，可以采取项目小组式的教学方法，这种做法与任务型教学中完成任务阶段的教学模式是一致的。

（五）项目评估总结阶段的教学组织

项目的完结需要对其进行评估与反思，一般通过团队讨论及公开演示来呈现其研究结果，这同时也是学生和老师的评判过程。此阶段包含了思维方式的梳理以及技能的归纳。对于思维方式来说，它能引导学生明确最优的研究策略，并发现他们自身理论上存在的问题。而在技能方面，我们必须关注每个研发过程中所遭遇问题的解决方案，如此一来，学生才有可能掌握更多实操能力，深入理解整个项目活动的关键点。此外，教师有责任引领学生扩展或深化他们的项目内容，以便他们在未来可能会面临相似挑战时，能运用这些知识去解决问题。在此，无论是否使用团体展示、学生评分、教师评分或是项目总结等手段，都需要以班集体的形式实施。

四、岗位教学的组织

通常被称为岗位实训的岗位教学，是学生深入学习和实践公司制造流程、领会公司的管理体系、明晰工作职位的责任、理解企业的劳工规定、熟练掌握机器功能及特性、并遵循使用规范的重要途径。这个过程中可能涉及设定实际训练的目标、全面理解工作的角色、执行职务任务、养成优秀的职场行为等步骤。

（一）工作岛教学组织形式

在公司里，挑选一些标准的职务，由专业人士、教师和学生组成工作团队，负责这个职位的任务，这就是职业教育中的一种教学组织模式——工作岛教学模式。

在这个教育模式里，师父负责协助老师和学员来执行各项任务；而老师们则依赖于师父的支持以顺利地履行他们的教导职责；同时，学员们则是借助实际操作来实现他们的学习目标。只有当学员已经掌握了必要的技巧、任务处理方法以及项目的实施策略后，才能被允许加入到实践环节去进一步提升自己的能力。

（二）影子岗教学组织形式

在公司中，我们会选择表现突出的职位人员作为学生的榜样，让他们像影子一样陪伴着他们，通过协助完成他们每天所做的事情，从而学习到他们的卓越职业素养。影子岗是一种极其有效的教育组织方式，用于培育高级技术人才。

（三）学徒制教学组织形式

在校生通过登记入学并被视为学生的身份后，他们也可以选择在公司中以实习生的名义加入其中。当他们在公司的制造流程中接受导师指导时，这实际上是在对公司的人力资源做有针对性的准备工作。然而，这一模式在中国受到了相关的法律法规限制，尤其是对于那些未满十八岁的中等职业技术学校的学员来说更是如此。不过，伴随着中国新的学徒制度试点工作的推进，它也可能逐渐演变为一种职业教育的职位培训方式。

（四）工作中心教学组织形式

建立的各种生产线、实践场所及教育设施等，均是构建了大量实际工作环境并将其整合在一起，从而形成了庞大的职业技能培训资源。学员们可以按照个人日程计划与需求，经过授课老师的批准，前往这些地方获取所需的制服、设备、原料以及必备的安全防护用品，然后独立地在此处开展练习。

第七节　职业教育教学方法

教导策略是指教师及学员为达成共通的教育目的、执行共通的学习使命而在学习过程中的各种技巧和工具的集合。当前，各类有效的教学模式在实际课堂上被广泛应用。据一位学者的不完整调查显示，现阶段有效且实用的教学技术已超过七百个。在本篇章节里，我们将重点讨论职业教育的行动式教学法。

系统且目标明确的动作指导式教育旨在让学员们置身真实的工作环境或者学习的场景之中，参加到信息收集、判断与决定制定方案的过程中来提升他们解决问题的能力和自我反省的学习经验积累的能力。常见的此类教导方式包含了四个步骤的教育模式（Four-Stage Model）、思维碰撞的方式（Brainstorming Method）及任务驱动型的方法论（Project Based Learning），还有如实例研究式的课程设计理念（Case Study Approach），虚拟仿真实验技术应用等等。为方便老师挑选最适合学生的教授策略，本文根据各种行为驱动的教育教学手段对于培养出具备特定技能的学生的影响程度进行了归类描述如下：

一、过程导向的行动教学法

行动导向的教学方法适用于固定过程和情境不变的职业活动教育。这种教育策略的优势在于培养学生的操作规范习惯，追求职业活动的精确性和结果的准确性，是最常见的高级制造业技能型人才培养方式。

（一）四阶段教学法

1. 四阶段教学法的含义

四阶段教学法源自于美国的教育体系，其主要应用领域在于教授技巧性的学习。这种教学方式基于的行为学派的学习理念。根据该理论，掌握一项技术需要经历四个步骤：定向、模拟、融合与精通。而四阶段教学法正是以此作为核心理念，通过预备、演示解释、学员复制及教师评估等四个环节来构建的一种教导策略。

2. 四阶段教学法的实施

（1）在通过预备这个阶段，主要是教师的行动来进行准备，包括对知识内容的预习、了解教学目标和有关设施的使用等。同样，出于激发学生对所接触到的技能的浓厚兴趣，我们会通过创建问题情境来阐述学习内容的重要性。

（2）在演示解释这个过程中，教师需要展示出他们对于操作技巧的高超掌握度及精确无误的能力。这不仅是确保学生能够正确复制的关键因素，同时也有助于提升教师的专业形象，从而增加学生的自信心。此外，在此期间，教师应通过生动且富有深度的解释来辅助他们的演示，以便于向学生传达工作的目标、策略及其背后的原理。当教师逐步分解任务或步骤的时候，需要注意强调重要的部分，揭示执行流程，并且可以依据教师自身的实际经历指明可能出现的常见失误。

（3）在学员复制段中，老师需要选择一些学生按照老师的演示来学习和模拟操作。在这段时间里，教师应保持高度关注并给予积极引导。这个过程应该持续且无缝衔接于之前的环节——也就是由老师展示的部分。同时，我们需把讲解、聆听、观看、实践和记录有效地整合在一起，以便获得更理想的效果。此阶段的主要任务在于优化课堂管理，依据课程内容的难度和复杂度，可以选择让学生单独练习或者先组成小组然后独自尝试的方法（小团队讨论模式）。第一种方法强调的是单个动作的学习和熟练度的提升，而第二种方法则涉及多层面的操作流程，并且包含了相应的情景解析和决策能力。

（4）教师的评估。在进行职业活动的环境分析、流程分析和结果分析时，需要对其进行评估。重点关注学生的职业活动过程是否科学合理，操作的准确性和规范性以及活动成果的质量和精确度等方面，并且应该对学生实时给予赞扬和激励。

3. 四阶段教学法的特点

（1）频繁应用于实践中的四阶段教学法旨在让学生学会特定技巧。作为职业活动中最为基础的部分，技能的重要性不容忽视，因而此种教学方式不仅独立运用，也在许多其他的教学策略里被广泛采用。这意味着每位从事职业教育的老师都应精通并灵活运用这一教学手段。

（2）该种教育策略简便且高效。其主要的教育目的在于教授一项技巧，而非多元的知识点或复杂的学习流程。所涉及的内容仅限于此技巧的具体步骤及相关的心理与实践能力。此外，它仅包含了基本的四步学习过程。尽管这看起来可能过于简洁，但是实际上却是一个非常实用的技术培训方式。

（3）虽然这个策略看似简易，但是它确实具有强大的实际应用能力，并且对于老师来说也有着较高的需求。不仅需要老师的技术操作水准符合现行企业的最优标准，还需要他们能在有限时间内教会学生如何使用此技巧，并理解遵循规则的重要性及注重精准的意义。

(二)项目教学法

1. 项目教学法的含义

由两位著名的学者——美国的儿童教育专家凯兹博士与加拿大的儿童教师查德博士所提出的项目教学法，因为它能有效提升学生的全面能力而备受推崇，逐渐成为职业教育的热门选择。同时，许多小型设备或物品也可以视为项目的范例，例如：木工专业的门制造、机械工程专业的模型车制备、电子专业的警报装置构建、仪器仪表专业的离合器测定以及一些基本工具的生产等等。所以，项目教学法在技术相关的专业中得到了普遍的使用。至于商贸、财务服务以及其他需要整合性的工作，它们同样可以视作项目，比如销售专业中的各种场所的产品展览、产品的宣传设计，或是简单的小型软件的研发等。

基于建构学派的教育理念所提出的"项目式教育"，其核心思想在于以学员为主要参与者的主动探索与自我建设的过程之中，实现知识技能的发展及提升。这一过程中，老师作为指导员兼课程的管理人员通过设置各类实际操作的项目场景来激发并鼓励他们的创造力和独立思考的能力；同时他们也能够在此环境中不断完善自己的认知体系，从而达到全面发展的目的。

"Project-based teaching method"，直白地讲就是以整个项目的执行作为教育手段的方式。这个项目可能包括对某个问题的研究分析、做出某种决定或者为他人提供的协助等等形式。其应符合以下几个标准才能被视为合格的教育方式：首先需要有一个明晰的工作目标及预期结果具备实用性和借鉴意义；其次要能够把相关学科的基本原理融入具体操作中去；第三点则是该项目必须紧密联系企业的真实运营环境或是实务管理场景；第四步则是在学生的自主规划下实现自我管理的权利，并在一段时间内自由分配他们的精力投入于此项活动中；第五条规定了需设定出明显的且具象化的最终产物呈现给公众看；第六步骤强调的是让同学们学会如何面对挑战解决问题而不是逃避它们；第七部分指出该课程设置要有适度的复杂度，以便激发同学们的创新思维能力，从而达到未曾接触过的问题也能迎刃而解的效果；最后一步即是对所有参与者所付出的努力给予公正客观的评估总结反馈意见。

2. 项目教学法的实施

目标清晰的项目式学习方法旨在实现以下三个主要目的：其一，通过结合理论课程和实践操作来使教育环境更加贴近现实生活；其次，在引导学生参与并完成相关任务的过程中，向他们传递专业的学科知识；最后，目的是提升学生的自主性和责任感，增强他们的协作技能，提高他们在处理复杂问题时的应变力，等等。基于此，我们可以把项目的执行划分为七个步骤。

（1）确立了课题内容后，我们应该遵循一般原则即从实际问题的角度出发设计并实施教育活动。这意味着我们的学习主题及相应的挑战能直接反映出职场环境的需求。这个过程由老师负责执行，他们的职责涵盖以下几点：创建具有行业背景的项目核心部分，其中需涉及知识体系的学习和个人经验积累两方面的内容；把预设的活动纳入课堂授课环节之中；设定好开展工作的场所设施设备及其使用的时间限制等等细节要求；最后就是协助学生制定清晰的目标和具体操作步骤。在此过程中，挑选合适的题目至关重要——优秀的题目的产生并非偶然的结果，而是经过精心策划的过程结果之一，它不仅关注于最终产出的质量，也同样重视时间的安排，还有管理的方案思考等方面因素的影响。无论大小规模都无所谓，最核心的点在于选取适合本学科标准的且旨在培养学员技巧能力和良好行为模式的教育素材上。

（2）在开始项目研发之前，教育者需要对学生的研究热情进行激发和激励。这包括向学生阐述该项目的重要性、预期的功能实现方式、技术要求与学习策略，同时也要介绍项目实施的过程及其评估标准等等。通过呈现成功的实例或分享过去毕业生的职业发展状况等方式，可以激起他们的求知欲望，从而鼓励他们投入到这个项目的研发过程中去。

（3）组建团队并明确责任划分。通常来说，项目团队会依据学生的人数、项目的复杂度和个人的技能水平等多项指标来决定。每支项目研发队伍都会从内部挑选出一位负责人作为领导者。该负责人的主要工作包括：在教师的协助下制定本队的项目发展策略，管理所有队员的具体任务分派及执行情况等等。

（4）设计并执行项目的策略。准备项目发展方案，向老师提交一份关于项目发展的详细描述文件，阐明每个步骤如何操作、写作规则及其需要注意的事项。此份工作计划涵盖了以下内容：整体的工作流程概述；团队成员分工；责任划分；预定的时间表。此外，老师也可以依据学生的需求给予他们相应的指导，在此阶段，每组都需通过创建所需要的辅助材料清单来确定后续所有工作的具体方法和路径。与此同时，每一组都需要积极地在自己的小团体中开展交流和反馈活动。

（5）在这个阶段中，我们通常会采取团队的方式来执行任务，让学生们各自分担责任，创新性的解决问题。依据预先制定的项目方案，学生们需要一步步的研究、试验及探索，逐步处理项目的问题。最终，他们需对比项目的目标设定与现有的成果，然后做出相应的修改，这个过程必须持续进行。这是项目式学习的关键部分，老师应及时有效地引导学生克服他们在开发过程中所面临的困难，并且确保他们按照既定的进度去完成每个开发环节，这样才能保障学生能依照计划成功完成项目的开发，实现教育目的。

（6）对项目的审查、评估与总结至关重要。首先需要展示我们的工作成果并对其进行评定。这可以通过各种方式来实现，比如召开会议或者把它们融入特定的庆典活动里。每个团队都需要挑选一位或多位代表向大家报告他们的研究成果。在此过程中，我们应该注重记录下所有参与者所付出的辛勤努力，并从他们身上学习经验教训。此外，我们也需关注如何有效地解决问题，以便更好地理解项目实施的关键步骤及策略。通过这样的反思和总结，我们可以更深入地掌握这个项目的核心内容。

（7）将项目成果转化为新的相似任务或项目是教师项目教学法的关键目标。学生的转化应用技能并不能直接显现，而是在新任务完成的过程中体现出来。

3.项目教学法的特点

（1）实践性。教学项目源于生产现场，题目与真实世界紧密相连，使得学生的学习更富有可行性和实用价值。

（2）独立行动是项目的核心部分之一。在此模式下，学生的主动性和创新精神得到了充分体现；他们不仅关注结果本身，更看重的则是实现目标的过程中所付出的努力及收获到的经验教训。通过这个方式，他们的各项工作技巧得以提升并得到实际应用的机会。老师不再处于课堂的主宰位置上，而是在此角色转变为协助者的身份，引领着学员们探索新知，给予建议以解决难题或疑惑等任务上的挑战。这种情况下，学习的热情被激发出来并且保持得非常高涨。当他们在执行这些实操性的练习时，可以更好地掌握所需的专业理论基础及其相关技术操作方法等等。因此说来，这样的教育策略赋予了学子有权按照个人喜好去决定主题范围或者表现手法的选择权利——这使得每个个体都可能有机会充分发挥其想象力和创意力进而推动自身创意思维能力的进步发展。

（3）项目式教育强调学生的实践操作经验，他们需要在一个完整的流程下完成"项目"任务。这包括了清晰地理解项目的目标、获取相关资料，自主制定策略并做出决定，然后组织执行方案，并且能在规定的时间内自我管理与规划他们的学习活动；同时，他们也需面对并解决问题出现在项目中的挑战；过程中会定期对进度进行审查，因为项目本身有一定的复杂度，它需要学生利用所学的新的知识和技巧来应对之前未曾面临过的问题；最后，当课程结束后会对成果进行评定，项目式的教学方式有着明晰且具体的结果呈现，教师和学生一起对其进行评分。这种方法可以在教学活动中自由使用，因此具备跨学科知识的融合特性及单一能力的整合特征，是一个有效的手段以提升学生的全面素质，尤其是协作精神、领导力、交流能力等等。

（4）进步型教育理念要求老师依据行业的具体工作需要及教课主题来自现实生活环境中挑选相关的任务案例；一旦这些课题被确立下来之后，那么整堂授课的过程也就会随之明确化起来——让学员们借助执行这个项目的手段去达成他们对于这门学科知识体系的学习理解深度提升的目的。采用这种以实践为导向的项目式学习方法，可以使得长线计划跟短期的方案相互结合在一起使用，同时也可以把单项操作性的活动同多功能的活动一起实施下去，从而有效地实现了职业技术教育的总体目的设定。

（5）在项目式教育环境下，学生的学习模式是通过团队协作来实现的，他们各自承担着自己的课题或者任务。在这个过程中，各组员会一起寻找并分享他们在学习过程中的信息与资料。对于他们的学习表现评估应基于他们完成的项目成果，这包括了他们针对主题的研究策略、方法以及呈现出来的结果。这种评估方式既有多样化又具备选择性。

二、情景导向的行动教学方法

情景导向的行动教学方法适用于职业情景变化频繁，工作过程不能固定的职业活动教学。这种教学方法的价值在于学生对工作对象心理预期的把握和应变能力的培养，追求工作对象满意和惊喜的体验，是培养服务业高技能型人才最常用的教学方法。

（一）模拟教学法

1. 模拟教学法的含义

Shaftel Fannin 和 George Shaftel 创立了仿真教育方法（Simulated Education Method）并在1967年首次提出该理论体系，这种方式主要利用角色演示及相关对话探讨情感反应、价值观取向和人与人之间的互动情况及其解决方案。它被视为一种行为指导型的教导模型，旨在实现对教师授课技巧和课堂氛围的目标优化。此种培训可以划归两大类别——基于实物的虚拟装置式教授（simulation device teaching）和依据特定学科需求构建的社会化背景下的实践体验式的课程设置（simulating social situations）。前者依赖的是各种类型的实体设施如机器人等辅助工具完成任务或提供练习机会，而不担心学生的错误导致负面影响的发生或者需要从头开始的情况出现，同时也可以针对某一单独技术领域做专项强化提升能力水平的学习效果显著，且易理解掌握正确的方法，从而快速修正自身的不足之处。后者的核心在于创建出类似真实世界的社交场所，让学员们能够亲身经历到现实生活中可能遇到的问题，并且从中获得经验教训，以便更好地应对未来可能会出现的挑战

2. 模拟教学法的实施

模拟教学法的执行主要是在管理四个步骤上进行，也就是规划、实施、检查和处理。

（1）在规划阶段，主要是设定教学计划并分配模拟任务。这个阶段相当于情境构建步骤。

首先，教育者需要依据学科的专业标准与需求来设定虚拟授课环境下的学习目的及规范。主要关注点在于提升认知水平（如扩大对新知的理解）及其应用技能的能力上，其中前者的重点为扩展学识广度而后则侧重于提高手脑协同工作效率等诸项技巧的学习掌握程度。其次就是构建具体的练习模块了，需按照预设的目标去细分此次实验中的问题领域以便更好地实现预期效果。最后一点则是选取合适的素材作为示范样本——这些应该是对日常生活有直接关联且易操控的东西，同时具备一定难度从而能有效地激起参与试验的学生们的热情并且增强他们的好奇心探索欲望。此外，除了把教科书的内容做深入研究外，还须广泛阅读各类新闻期刊资料、搜集实例信息，确保例子既具普遍意义又真实生动有趣，引人深思切合主题。

（2）在这个实施环节中，主要的目标是实现预定的方案，并且组建团队进行模拟演示。这一步骤包含了挑选角色的过程与情节展示两部分。对

于模拟角色的确定来说,需要做到以下几点:首先,根据学生的实际状况,将其分为若干个适当的小组,分配给每个小组特定的模拟任务模块,然后开始筹备模拟实操环境;其次,在完成所有小组的模拟任务模块的选择之后,老师应按顺序为这些任务模块编号,同时提供学生所需的相关参考文献,以确保他们有足够时间通过查阅图书及互联网对任务进行深度理解,熟练掌握模拟角色;最后,鼓励小组成员针对问题展开深入研究讨论,依据学生自我选择和容易操作相融合的标准来设定职位,让他们可以自由地选择适合他们的道具,设置舞台布景,并对自己模拟的角色加深了解,从社会的真实情况和丰富的信息来源等角度做好前期准备工作,努力提升模拟的准确性。

情节演示构成了学生参与实际操作的核心部分。在此之前,他们需要对预备工作做出充足的努力,利用现有的专业技能来回答由教师提出的疑问,然后通过创建的教育环境中进行模拟演出,以此测试他们的专业理论能力。当某个团队正在进行角色模仿的时候,教师及其余班级的学生需认真观察,并将发现的问题逐一记下。在模拟的过程中,教师应适时指导,恰当地激发,确保模拟过程流畅且无冷场现象发生。学生们则需依据自身角色的特性,在现场自由发挥,全然依靠自身的创新精神塑造其角色形象。在这个阶段,学生的主导创作才能得到了全面的展现。同时,也规定了其他班级的学生务必维持现场的宁静,避免发出任何评论,不得干扰模拟演出进程,若有不同见解或观点可先行记录,待模拟结束后再行解析与探讨。

(3)在检查过程中,我们分为两部分:自我评估及知识体系建设。自我评估的目标是对照学习计划和教育目标的要求,看我们的模拟演示是否达到预期效果,并找出可能存在的不足之处。当所有模拟活动完成后,首先要由各个团队对自己的展示进行描述、解析和反思,以促进彼此间的理解和借鉴优点。接着,每个团体需要互相评审。他们会对其他团体的演出内容和角色的呈现做出评价或提出疑问。然后,老师会依据实际的学生角色模拟情况和同学们对于模拟过程的反馈来做总结,强调那些做得好的地方，给予赞扬和鼓励；同时也需温和地指明他们在模拟中的缺陷，给出改进建议。

在这个学习过程中，我们需要经历一系列的学习活动以达到最终的目标——建立并强化我们的认知结构（即"知行合一"）。这个过程包括两个关键部分：首先是回顾与整理所学内容；其次是对这些内容的深入理解及应用于实际情境的能力提升。这一系列的活动旨在激发学生的创新意识、提高他们的独立解决问题的能力和批判性的分析力等综合素质的发展。在此期间，老师应鼓励他们积极参与到课堂活动中去发现新的问题或挑战自己已有的观念框架，以此拓宽视野并对自身存在的一些误区有更深刻地了解。

（4）在处理过程里，我们需要经历两次扮演与评估的过程。第一次扮演是基于之前的模拟表现之上，重新模拟或转变角色来进行模拟。通常情况下，如果首次模拟取得了成功，我们可以尝试换个角色去模拟；反之，若首轮模拟未达预期效果，则可以选择继续模拟之前那个角色。在此期间，我们要从过去的错误中汲取教训、学习并运用过往成功的经验，从而达到更高的水平。

评估期是针对模拟教育方法实施后的实际效果进行检测的过程，我们需要从整个模拟教育的流程中提取经验教训，识别其优劣之处并对其中的优势加以优化，为下一次模拟教育做好准备；同时也要对存在的问题及时修正，以便于在新一轮的模拟教育活动中调整策略。另外，评估过程中还需要考虑学生的学习表现，他们的分数不仅取决于学期末的成绩，还要包含角色扮演的表现及创造性的思考能力等方面的考核。

3. 模拟教学法的特点

（1）主导地位。传统的教育方式里，老师被视为教育的核心人物，他们在讲堂上传授知识，而学生则是坐在下方聆听，他们只可以被动地吸收信息，并且老师也被认为是教育的领导者。这种模式培养出的学生不仅无法深入理解所学内容，而且也缺少创新精神。然而，模拟式教育却把学生当作了整场教学活动的中心，让他们全面了解管理的全部流程并在现实环境下进行模拟操作，从而确保学生真的成了学习的主要参与者。在这个模拟式的教学过程中，学生才是真正的焦点，每个学生都必须经过详细阅读、搜集资料、制定计划、分配角色、发表观点、模拟表演、总结评估等各个步骤，一直保持着主动学习、积极探究的态度。

此外，值得一提的是，在这模拟式教学的过程中，老师的角色并非仅仅是学生的导师或知识传授者，而是变成了学生的伙伴及引导者。老师的引领职责是在创建一种有利于激发学生兴趣、放松心情、团队协作的教室气氛，激励学生自主寻找答案、解决难题，以充分发挥他们的独立性和创新能力。模拟式教学方法更加注重的是让所有的学生都在主动，而不是被动的状况下主动寻求解答、积极思考、亲自实践，积极主动地将教材知识的核心价值转化为自身成长的力量源泉，推动他们的身体潜力、综合素质和个人特性得到全方位、平衡的发展。

（2）模拟教学法以应对学生在日常职业生涯中面临的挑战作为主要目的，选取实质性的课题来构建模拟场景，避免对它们的简化处理，从而使得它们脱离实际情况。这赋予了模拟教学法极高的实用价值。模拟教育方式颠覆了传统的课堂模式，过分重视知识点传递的现象，并填补了讲解式教育的空白，给学生提供了更贴近实际的工作场所。学生可以身临其境地参与到各类职场角色的扮演当中，从相关人物的角度出发观察问题，感受特定情况下的情绪及行动，引导他们主动把理论学习与实际行动相结合，同时在实际操作的过程中自主思考和解析，利用已掌握的知识解决问题，提升他们在遭遇困境、矛盾或冲突时，能迅速调整策略的能力。

（3）交互式学习环境下，教育工作者充当指导员角色并主导整个流程，而学员则担任核心演员身份来执行具体场景仿真或实例处理任务，实现由次要人物向关键角色的转变。在这个过程中，他们会受到老师的激励去主动参加活动，并且勇敢表达自己的观点，同时也会和其他同学展开多元化的对话交换意见。这种双向甚至三方以上的语言或者肢体行为都是不可避免的存在现象，因此我们需要重视这些动态变化，并在实践活动中强调它们的重要地位——让它们成为一种有效的工具用于促进信息的传递，而不是被忽视掉的部分内容。此外，我们也应该注意如何有效地使用这个平台上的所有可用人力资源（即人与人）从而最大化他们的潜力价值，激发学子的热情投入并对各种问题发表看法等都应作为重点考虑的内容之一。

（4）开放式教学模式。传统的教育方式是一味地灌输知识，教师的角色仅在于将知识系统性地传递给学生。

尽管受到课程时间安排的影响，大多数教授的内容主要来自教材，这使得我们难以深入了解该领域的最新进展或其他相关的知识。此外，学生们通常缺乏广泛的知识背景，因此很难实现不同学科之间的整合和理解。然而，在模拟教育环境中，因为许多实际问题的解决涉及多种理论和概念，所以更加注重知识点间的交互应用，从而让学生有机会学习课本之外的知识，为其未来职业生涯做好准备。模拟教学方法利用特定的场景来扩展知识范围，提高信息量，增加时间和空间的跨越，同时也增加了场景覆盖面的广阔性和容纳力，实现了众多知识元素的有效组合。这种方式不仅鼓励学生积极参与和发挥主动性，还关注于训练他们的思维多样性，空间层次感，操作灵敏度以及结果的多样化。

（5）有效性。通过仿真教育方法，教学流程与实际问题处理方式相似，解决方案通常隐藏在场景内，老师并非直接向学生传授预先准备好的知识，而是呈现一种与真实工作者寻找答案的过程相似的研究模式，提供解答问题的模板，引导他们探寻。这种模仿式的学习使得学生能够在多种不同类型的模拟环境中体验各类具体且复杂的事物，并且把学到的知识点运用到日常生活里，寻求有效的解题策略。使用仿真教学法最大的优势在于它能教会学生如何掌握解决问题的更高层次的能力，包括这些模拟情况背后的各个理论概念，从而对他们的观点和价值观念产生影响。所以，这是一种具备实用效果的教育手段。

（6）情境化的模拟教学方法并不需要脱离教育流程的测试，它通过整合式的测评方式来体现学习的成效。在这个真实场景下，学生们对他们需要处理的问题有着清晰的认识，并感受到自己的责任和主动权；同时，这个任务是全面的、富有挑战性的，一旦成功解决问题就能达到教育的目标，这也就证明了学生的学识水平，所以使用模拟教学法能使老师能够以实际的教育环境为基础进行评价，无需如传统教导模式般额外设置独立的考试环节。

（二）角色扮演法

1. 角色扮演法的含义

角色扮演是一种教育方式，鼓励学生们在特定场景里扮演不同的角色，深入思考他们所面对的问题，并且利用这些情境和剧情设定来体验不同角色的内心世界，以此加深对于相关问题的理解。通常来说，角色扮演可以分为两个部分：一方面是对角色的认知，也就是了解角色需要遵循的规定和标准；另一方面则是角色实践，指的是在一个特定的背景下，参与者执行角色任务的过程或者行为。有时候，个人的表现可能会跟社会的期望有所出入，这时就需要借助自我评估或是他人的反馈来发现这一差异，然后通过角色学习或者是调整角色定位的方式来缩小这个差距，最终实现全面的社会适应。学生会根据自己所扮演的角色来考虑他们的行动，结合已有的知识储备，通过角色扮演来深刻体会角色的情绪变化，提升学生的情商水平及解决问题的能力。总而言之，角色扮演的核心目标在于为个体创造出一种学习角色扮演的环境，让他们能够站在别人的立场上尝试扮演一个现实生活当中并不属于他们的角色，并在不断练习的过程中掌握更多种类的角色模式，这样就能更好地应对各种各样的环境了。

2. 角色扮演法的实施

在执行角色扮演教学法的过程中，通过教师的恰当指导，让学生在设定的场景下，实际感受到工作和服务的具体流程，注重细节，从而培育出高度的洞察力和工作意识。

（1）设定工作职责。告诉学生活动主题、具体细节、必须达到的标准、所需的角色分配以及各自的工作安排、预备期限与演出时刻等等，以激发他们对角色模拟活动的热情。同时也要让他们意识到问题的存在及其关键性，从而明确学习目的。老师可以通过实际案例来解释问题，例如通过电影、电视剧或者讲故事的形式展示，也能够提问引导他们去思考或者推测剧情走向。

（2）确定参与人员。当老师完成任务布置并解释后，老师会与学生一起探讨他们的观点和情感反应，规划执行步骤及所选用的方法。接着，他们会对每个可能的问题场景分派不同的角色到学生身上，让他们根据个人喜好或由老师从学生里挑选出合适的角色来担任。

（3）教师在选定参与者后，引领学生融入他们的角色，用简洁明了的方式解释各种情境或设置情境，让学生能够体验到整个演出的真实场景。

（4）组织观众是一个关键的影响要素。为了提高学生的积极性和投入度，老师需要提前让他们理解和重视表演者的角色，同时确保所有的观众都能专注于欣赏同伴的表现，并且确定他们关注的焦点和分派任务的方式，这样可以把观摩融入整体的教育活动中去，从而增强他们的参与感和体验，使得所有成员在经历了表演的过程和观赏完之后，能对角色有更深入的探讨与分享。

（5）通过模拟角色的方法来教学。"演戏"作为核心部分，它需要根据活动的需求去塑造不同的角色并执行相应的动作。参与者需把所饰演的人物视为现实中的存在，做出真挚的回应，但不必过分追求完美无缺的表现。老师应引导他们仅达到以下几个目标：清晰地展示预期的行为、展现技能和才艺、暂停演出以强调某个观念或者思想等。如果后续的对话显示学生对于该事件或角色理解不足，教师可再次提出要求重新演绎一段情节。

（6）评估过程涉及评论员、观众对于演出者的表现所做的判断解析，同时也是演出者自身对此的理解和反馈。这种方法包含了两类评估模式，即演出者自我的反思和他人的意见。角色分析不仅是对演出的艺术价值做出恰当的判定，更是对演出者的角色认识和实际操作的表现给出评分。这一步骤构成了角色扮演法教育的核心部分。若演出者和观众能全情投入，那么对话便可顺畅展开。起初阶段可能会聚焦于剧情差异或者反对某些角色的演绎手法等问题上，而最终结果和演员意图才是更为关键的话题。老师可以通过提问来促进参与者对角色扮演的深入思考。比如："你对这个角色有何看法？""剧情安排是否妥善？""是否有其他的改进方案？"，等等。在执行教学任务中，老师需要指导学生积极参与讨论。

（7）在这个过程中，主要的活动是引导学生通过犯错来学会应对和解决问题的能力，同时也能提高他们对于人际关系理解的能力。这种模拟活动的执行次数取决于教育的需求，并且可能会有1到2分钟的讨论环节，以便使学生能够理解同一角色的不同场景下所传达的信息，从而增强他们在观察事物时能站在多个角度思考的习惯。

（8）重新评估。这个阶段的关键是由教师引导学生再次面对问题，思考如何处理问题的场景和策略。

（9）通过分享和讨论，将问题的实际情况与教学内容相结合，教师会询问学生是否有类似的生活经历或案例，并鼓励大家共享并表达对问题的观点。教师可以从学生的演讲和讨论中提炼出关键点并阐述行为实践的重要性和规则。

3. 角色扮演法的特点

在模拟真实环境的过程中，强调学生的课堂参与度，以此提升他们自我学习、动手操作、观察分析和总结评估的技能。同时，将这些技巧应用到工作场景中，可以增进学生解决问题的能力和职业素质。

（1）主动投入的方式能够有效地激发学生的热情和活力，他们渴望通过展示自己来获取更高的评分，因此必然会在活动中尽情发挥他们的才能。对于每个参加者来说，了解怎样去饰演预定的角色的知识都是清晰且目标导向性的活动内容的一部分。在这个学习的过程中，每个人都会充满激情并且具有游戏性质的功能元素存在其中。

（2）多样化。通过各种形式与内容的角色扮演，教育者能够按照需求制定课程目标并设定情境。受教者的行为也因此变得自由，不受空间约束的影响，这有助于他们真实能力的展现。同时，教育者有权根据教学要求对他们的角色做出更改，并且相应的教学材料也会随之适应这些变化。

（3）通过角色扮演的方式，学生可以亲自体验未来可能会面临的环境和场景，从而深入理解并预判各种潜在的问题与挑战。这种方法有助于他们在未来的生活工作中快速做出决策，确保工作的顺畅进展及问题的有效处理。

（4）场景化是这个过程的关键部分。在这个角色模拟的过程中，我们必须让各个角色互相协作、互动并对话，这有助于增强他们彼此间的情感联系，提升他们的社交技能如交际、自我展示及对他人的理解等等。特别是在公司内部组织的一场角色模拟训练中，它能有效地塑造出员工们的团体意识和团队精神。

（5）感情色彩浓厚。通过模拟情境来实施的教育方式，其理念在于创造出一种类似于真实生活场景的环境，从而引发学生的共鸣并让他们感受到相似的工作挑战和生活压力。因此，这种教育方法使得学生更容易沉浸其中，激发他们的强烈情感变化。这不仅涉及知识的学习，还包含了心理、情感和思维层面的深度参与。这样的一种学习过程可以被视为全面地覆盖了一个人的所有层面，从感知、感官到身体反应等各个方面都得到了深入的理解。而对于学生来说，由于有着如此深层次的体验，所形成的记忆也更能长久保持。

三、效果导向的行动教学方法

（一）头脑风暴教学法

1. 头脑风暴法的含义

头脑风暴法出自"头脑风暴"一词，是由美国创造学家 A.F. 奥斯本于1939年首次提出、1953年正式发表的一种激发性思维的方法。此法经各国创造学研究者的实践和发展，至今已经形成了一个发明技法群，如奥斯本智力激励法、默写式智力激励法、卡片式智力激励法等。如今，头脑风暴法的核心是高度充分的自由联想。这种方法一般是举行一种特殊的小型会议，与会者可以毫无顾忌地提出各种想法，彼此激励，相互启发，引起联想，导致创意设想的连锁反应，产生众多的创意。其原理类似于"集思广益"。头脑风暴法的激发机理主要有：联想反应。联想是产生新观念的基本过程。在集体讨论问题的过程中，每提出一个新的观念，都能引发他人的联想。相继产生一连串的新观念，产生连锁反应，形成新观念堆，为创造性地解决问题提供了更多的可能性；热情感染。在不受任何限制的情况下，集体讨论问题能激发人的热情。人人自由发言、相互影响、相互感染，能形成热潮，突破固有观念的束缚，最大限度地发挥创造性地思维能力；竞争意识。在有竞争意识的情况下，人人争先恐后，竞相发言，不断地开动思维机器，力求有独到见解，新奇观念。心理学的原理告诉我们，人类有争强好胜的心理，在有竞争意识的情况下，人的心理活动效率可增加50%或更多；个人欲望。在集体讨论解决问题的过程中，个人的欲望自由，不受任何干扰和控制，是非常重要的。头脑风暴法有一条原则，不得批评仓促的发言，甚至不许有任何怀疑的表情、动作、神色。这就能使每个人畅所欲言，提出大量的新观念。

为了塑造具有创新精神的高级艺术人才并提升他们对艺术表现的执着追求，一种名为"头脑风暴"的方法被视为有效的行为教育策略之一。然而，我们需要明确的是，此种方式仅是一个构思环节，而非整个问题解决流程的一部分，它更像是一种启迪学生的创意思考的方式。此外，虽然头脑风暴法有着严谨的原则和复杂的过程，并不适合全面取代传统的教育模式。

2.头脑风暴法的实施

（1）准备阶段。教师确定讨论问题。头脑风暴法最适用于解决什么样的问题？首要条件是研究的问题应是特殊的，而不是一般性的问题。教师在确定讨论问题时应具体、明确，不宜过大或过小，不要同时将两个或两个以上的问题混淆讨论。对于那些略复杂的问题，可以将问题分开，并针对每个问题专门召集一次会议。其次，头脑风暴仅能用来解决一些要求探寻设想的问题，不能用来解决那些事先需要做出判断的问题，如"是否应对学校的德育教学进行改革"这样的问题就不适用面对这一问题，必须先说明实施改革或者不实施改革的理由，也就是用头脑风暴法来先分析问题，再根据讨论结果决定是否实施。通知学生提前准备，教师应至少提前5~10天将所要讨论的问题和资料发放给学生。事先通知的目的是让学生有时间酝酿解决问题的设想，最好在材料后附上几个形成设想的实例，以启发学生。安排记录员并准备物资。尽可能安排两个设想记录员来记录发言人的设想，同时可以利用录音笔协助记录讨论会的全部过程。可以准备幻灯片来播放讨论的主题和演示头脑风暴法的规则等。建议为每位学员提供一页白纸与一支铅笔，以便他们能迅速记录下他们的想法。使用头脑风暴方法时，教育者及学员需要对活动做充足的前期预备工作，因为学员们需提前思考如何解决问题，因此参加这个活动的学员应该具有一定的解题技巧。

（2）执行环节。活动一开始，老师可以通过投影仪展示关于脑力激荡会谈的主要准则和需要处理的问题。为了让氛围更加舒适自在，鼓励大家迅速接受规定，可以提出一些非常简单的题目来引导他们快速投入角色。特别需要注意的是，对于第一次参与脑力激荡会的成员，应该尽早让他们融入环境中去。在整个讨论过程里，老师、学生及记事人员都需要遵循以下几个关键步骤：

①对于教员的需求。作为主持人，教员需要深入理解并精通头脑风暴的过程、策略及技能。他们应该引导学生按照座位的顺序依次发表观点，确保每个人都能有表达的机会。如果某个学生的意见没有新的创意，那么他们的名字就可以被移至下一项。通过群体式的头脑风暴，我们能够产生大量的构思。每当一位参与者提供了一个建议后，他的思考方向会被其他人自动接续下去，这便是所谓的"连环效应"。老师应当鼓舞同学们基于已有的方案生成更多的思路，这样的互动非常有益。每位同学在发言的时候，

尽量保持简洁明了，这样才能避免因过多的解释导致设想的质量降低。当有多人想要发言时，教师应优先考虑那些富有创造力的学生。另外，教师也可以提前准备好应对可能出现的解决方案，以便在学生暂时无法想到任何点子时，能用自身的见解去激励他们。

②对于学生的期望。在思维碰撞的过程中，他们被视为权威，鼓励他们大胆地去想象，无需担忧他们的想法会被他人取笑，即使这些想法看起来有些离奇或异乎寻常。

无论何时，学生都不能盲目地照抄课本内容。如果有预备的想法，应在开会前提交给老师。当几个人一起发言时，后面发言的学生可能因为前面发言者的影响而遗忘了他们当时的想法，所以学生应该及时用笔记下自己的想法。

③对记录员的要求。记录员最好坐在教师身旁，并及时记下学生提出的设想和他们的名字。速记却无法做到一字不漏，所以记录的内容是设想的基本大意即可。当然也可以采用录音笔录下会议全过程。同时，记录员应按设想提出的顺序给每个设想编号，让教师随时掌握设想的数量，以启发学生再多提出10条设想等。

3. 头脑风暴法的特点

在集体决定过程中，因为个体间的互相作用可能导致对权力和多数人观点的顺从，从而产生一种被称为"团体思考"的现象。这种现象会降低团队的批评性和创新能力，进而破坏决策的效果。因此，为了确保集体决议具有创意并提升其品质，管理层已经开发出一系列优化集体决策的技术，其中最典型的例子就是头脑风暴法。它的主要特征包括：召集与问题相关的专家或者参与者在一个轻松的环境下自由发言、提出各种解决方案，鼓励创新性的想法。总结来说，它可以被概括成如下几个方面：

（1）参与的教师和学生应当自由地讨论，不受任何限制，放开思维，让思考自由飞翔。他们应该从各种角度、层次和方位去大胆地发挥想象力，尽可能地创新，独树一帜，提出具有创新性的观点。

（2）延缓评估。我们需要坚守现场不做任何构思的评价原则。这意味着不仅不可以确认某一想法，也不可以拒绝它，更不允许对此有任何批评或建议。所有的评估和决定都应等到会议结束后才执行。这样做的原因包括：一是为了保护参与者思考的独立性和不受限制，以保持轻松讨论的环境；二是为了确保专注于生成新的想法，而不是过早地进入后期的任务，从而阻碍了创新思想的涌现。

（3）严禁批判。这是头脑风暴法必须遵守的一项关键准则：所有参与者均不能对他人提出的想法做出任何负面评价，这会对创新思考造成阻碍。此外，包括自己的言论也应被排除在外。某些人可能倾向于使用些许谦虚的话语，但这种具有自我贬低意味的表达方式也会损害会议氛围并限制想象力的发挥。

（4）追求数量。头脑风暴讨论的目标是获得尽可能多的设想，追求数量是它的首要任务。参加讨论的每个成员都要抓紧时间多思考，多提设想。至于设想的质量问题，自可留到会后的设想处理阶段去解决。在某种意义上，设想的质量和数量密切相关，产生的设想越多，其中的创造性设想就可能越多。

（二）卡片展示法

1. 卡片展示法的含义

"卡片展览法"（Metaplan）是由 G.Eberhard 与 W.Schnelle 所创立的一种教育工具。这种方式是以一张张绘制了相关主题的学生或者老师的卡通纸片为基础，将其固定到展示板上，然后通过增加、移除、替换这些卡通纸片来引导讨论，最终形成共识的教育策略，而每次使用后都会留下一幅布满了各式卡通纸片的展示板作为结果。利用这个技巧可以让学生们以书写的形式参与对话，从而营造一种互动的环境，激发他们的学习热情，让他们主动投入寻找答案和解决问题的过程中，并且能够有效避免传统口头沟通无法记录信息的弊端，同时也能弥补传统黑板上的文本难以修改、分类及处理的问题。实施此种技术的核心设备包括：

（1）展示板的制作材料包括硬泡沫塑料和软木，其层高通常在1~1.5米之间，长度通常为1~2米。这种展示板既能够安装在墙面上，也能安装在特殊的支架中。

（2）即覆盖纸，也就是与贴纸相同的大型写字纸，在需要时可以在其上进行书写、绘图、制作表格或者粘贴。

（3）卡片可以选择多种颜色和形状，例如长方、圆、椭或者云彩和箭头等。

（4）大头针的头部比常规的要大一些，这样方便插入和拔出。

（5）其他。如记号笔、胶棒和剪刀等。

2. 卡片展示法的实施

（1）开篇。常用的是对话或讨论的形式。教师提出需要探讨和解决的问题，并将主题写在盖纸、云朵图案或特殊卡片上，然后用大头针固定在展示板上。

（2）搜集建议。学生通过把他们的想法用关键字的方式记录到小纸条中，然后交由老师或者他们本人或是某位同学来贴到公告栏里。通常来说，每位学生只被允许提交一份提议，但鼓励他们可以提供多个选项。每一个纸条上的内容都应确保当它黏附于公告栏时，所有参与的人都可以清晰地看到。

（3）整理和处理。通过添加、移动、取消、分组以及归类等方式，教师和学生一起对卡片进行了整合和合并，并进行了系统化的处理，从而得出了必要的结论。

（4）总结。教师对讨论的成果进行归纳和整理，在必要时，可以使用各种颜色的线条、箭头或边框等标记来描绘纸张。

3. 卡片展示法的特点

（1）参与度高。通过鼓励学生亲手制作和贴上卡片，能够极大地激发他们的学习热情。展示板上的内容不仅包含了讨论的过程，也包含了讨论的成果；既是学生集思广益和系统思考的过程，也是教师教学活动的产物。

（2）有效性。在有限的时间内获取最多信息，成功解决了对话法无法记录交谈内容以及传统黑板上文字内容难以修改、分类和整理的问题。

四、多个导向的行动教学方法

一些教学策略不只适用于过程驱动和情境驱动，也能应用于效果驱动的实践教学，比如引导课文法、心智图法等。

（一）引导课文教学法

1. 引导课文法的含义

指导教材法是一种利用事前设定的导引性的文章来辅助学员自我学习的教导方式。在教育资料里包含了一系列不同程度的问题链条。透过阅读这些导引的文章，学生能够弄明白学习目的及需要执行的工作。通常，这类导引文章会分为六个主要的部分：首先是对任务的阐述，也就是所谓的"工作指南"；其次是一些引发思考的问题；然后是关于学习目标的叙述；再下来就是对学习成果的监测表格，以确保不会偏离方向；接着是详细的工作安排（包括主题和日期）；最后则是所需设备和资源清单、专业的资讯以及辅导性的解释等等。

课文引导主要包括技术活动过程的指导、服务活动情境的指导以及艺术活动效果的指导。

2. 引导课文法的实施

实施引文教学法的过程包括获取数据、设计策略、做出决定、执行策略、审查评估以及反馈评价。

获取信息就是解答指导性问题，关注获取信息的方式、路径和手段；尽可能多地收集信息；信息的整理和储存；信息的分析、评估和使用。

通常，我们需要制定书面的工作计划。在这些信息中，我们需要进行策略和决策；将任务和目标明确化；对工作进行分类并设定步骤；规划时间，并做出决策。完成所有这些工作后，我们需要与教师讨论工作计划和指导问题的解答。

做出决策是对计划中的内容进行选择、确定或者修订。

实施计划包括实施的准备、实施各个环节和工作的结束。

在完成工作任务后，我们需要根据质量控制单自行或者由他人对工作流程和产品进行监督。这包括检查其完整性和质量；按照目标来进行审核与评估；最终的文件归档过程。

评估反馈是指对品质进行评估，并对检查的结果以及如何优化等方面提供反馈。

3. 引导课文法的特点

（1）在教导课文的过程中，教师扮演着主导角色。他们需要准备好教学内容、提出指导性问题、与学生共同探讨问题、制定质量控制表以及在结束时对学生的学习成果进行评估。

（2）学生是主导者。他们的职责包括自行搜集信息、自行设计策略、自行执行策略以及独立评估和检验自己的成果。

（二）心智图教学法

1. 心智图教学法的含义

"心智图"也被称为"大脑图""灵感激发图""观念地图"或者"思维地图"，它是一个以视觉形式呈现思想的工具。通过绘制关于平面上某个主题的相关元素，就好像描绘了一个包含其周围脉络的心脏图案，因此被命名为"心智图"。因为这个展示方法更贴近人类思考时所使用的空间想象力，所以广为应用于记忆和创新性的思维过程中，也被用来进行研究、整理、解决问题的策略设计。

20世纪70年代开始创建并推动这一方法的是英国人托尼巴赞（Tony Buzan），但其实心智图（或者是相似概念）在教育学、工程、心理学等领域的应用已经有几个世纪，以辅助学习、搜集创意、组织记忆、视觉记忆和解决问题等。其基础之一即语义的网状结构（Semantic network）则有相当久远的历史。实际上，Allan Collins 早在20世纪60年代早期就对心智图展开研究，在学术、创造力和生动的思考上颇有成果，被称为心智图模型之父。

心智图的中心通常是一个单字或者是一个主题，而环绕在中心外的是相关的思想、言论和概念。用一个中央关键词或想法以辐射线形连接所有的代表字词、想法、任务或其他关联项目。是一张集中了所有关联资讯的语义网络或认知体系图像。所有关联信息都被辐射线形及非线性图解方式连接在一起，基于头脑风暴（激发灵感）方法，建立一个适当或相关的概念性组织框架。

经过深入的研究，我们已证实人的思考模式具有辐射特性，任何输入到脑中的资讯、感知、回忆或是观念（无论是词语、数值、编码、食品、气味、形状、颜色、图案、节奏、音乐或者纹理）都有可能以独立的方式展现出其存在，这便形成了辐射式的三维构造。

此种策略采用视觉元素如色调、插图、编码及多元视角等方式提升记忆力，通过聚焦于核心图案的方式吸引人们的注意力，使用层次结构图表述各主题间的关联关系，同时借助关键字词与图片、颜色的联系强化记忆。心智图能够激发无限遐思，从而让思维活动更加富有创新性。它的主要理念是将人脑的辐射式思考形象化，运用记忆、阅读、思维的原则，助力人在科学和艺术、逻辑和幻想间取得平衡，以此挖掘人的潜在智慧。

使用心智图的辐射式思考方式不仅能加快信息量的积累速度，其主要优势在于对信息的层次性和相关性的划分和整理，从而提升了信息的储存、处理与使用的系统性，进而提高大脑的工作效能。此外，通过色彩、图片、代码等元素的使用，有助于增强记忆力和创新能力，使得思考过程更加愉快并富有个性，同时也具备多样化的特性。

基于发散思维的方式的心智图不仅作为一种高效的学习手段及工具，也广泛用于创新性的联想和聚焦、项目规划、难题解析和分析、会议控制等多种场景。其在个体、家庭、教学和商业领域得到了广泛的使用，例如记录学习内容、团队讨论（通过把想法辐射到围绕核心词汇的各个节点上，无需按照等级或者顺序进行排序；同时对信息进行归类以便后续步骤的执行)、概括、修改、澄清思路等等。此外,心智图还可以用作梳理繁杂思绪或成为记忆小窍门的一种工具,例如在聆听讲座的时候可以用它来捕捉关键单词或要点。

2. 心智图教学法的实施

(1)准备绘画材料。教师确定教学主题,并引导学生准备绘制所需的工具。这些工具包括纸和笔,例如 A3 或 A4 尺寸的白色纸张,用于书写的笔,以及最好使用四种不同颜色的笔,以便区分。

(2)创建心智图的过程包括确定并描绘其核心主题——这通常是书籍名称或特定的问题。这个过程需要使用至少三色的彩色笔画出形状,每个主题对应一条主干道;如果存在多个关键主题,则会有多条主干道,且它们应采用不同色彩。此外,可以通过编码的方式表达内容的含义,通过箭头展示信息的相互关联,把相关部分用箭头链接在一起,能清晰明了地理解到各信息间的联系。同样,可以用编码方式标记特殊的相关性,只要注明编码就能了解这些知识点间的关系。只需要书写关键词并在线上方,而线段长度需等同于词汇长度。中央线应该较粗,以便从线条的厚薄程度看出层级结构:离中心最近的线更粗,远离中心的线更细,同时文字也遵循这一规律,即靠中心位置的文字较大,距离中心远的文字变小。另外,建议让所有线条保持平行,有助于阅读体验。

(3)制定评估。通过创建思维图表,对学生的思考方式进行分类,并指出各种职业活动所需的最有效的思维模式。

3. 心智图教学法的特点

(1)有效性。这是一种高效的心智技能训练方法。心智图作为一个可以提升工作学习效率和推动思维拓宽的手段,能够识别并培育各类思考模式。

(2)有趣味性。可以通过手绘或电脑绘制,具有很高的吸引力。

(三)案例教学法

1. 案例教学法的含义

起源上,案例教学法可以回溯至古代的希腊与罗马时期。那时,著名的希腊哲学家及教育者苏格拉底便已使用过一种名为"问答式"的教学方式，这种方式为案例教学提供了早期的基础。接着，柏拉图这位伟大的希腊哲学家接过了苏格拉底的教育理念并将其发展，他把所学内容整理成了书籍，并在其中添加了一些日常生活的实例和故事，每个例子都阐述了一个理论，而这些例子则构成了案例教学的初始形式。最初，案例教学主要用于法律和医疗领域的教学，直到1908年，哈佛商学院才首次引进这一教学模式进入商业教育的范畴。同一年，哈佛大学创建了其的企业管理研究所，并且开始了对案例教学的研究。总而言之，案例教学是一种由老师选择专业的实际操作中的常见且有一定挑战性的典型案例，引导学生去分析和探讨，从而提供解决问题的方法的一种教学策略。

关于"案例教学法"，其含义存在多种阐释方式。首先一种就是为了实现特殊的教导目的而实施的一项策略，该过程以学生的参与为主体，他们会选择并深入剖析一些典型的例子来达到针对性理解与评估的目的；这种做法富有激励性和实际操作价值，能够有效提升学生的推理技巧、决断力和整体素养水平。其次，"案例教学法"也被称作"实例教学法"或是"个体化教学法"，这是指基于某个课程内容的需求，而在老师的引领之下利用具体的范例设计出适合学习的路径，并对之加深了解的过程——此举有助于营造积极且开放的教育环境氛围，让真实的问题场景得以展示给学员们，以便使他们在其中置身于角色中考虑、解析并且交流观点看法等等，这有利于激起他们的求知欲望，同时也有助于增强创新意识及其处理复杂情况的能力等。最后一点则是借助详细描绘某个特殊的教育教学背景引发学子们的深度探讨的方式所形成的一个新的授课模式——这就是所谓的"案例式研讨课"——我们可以从上述三个方面找到共同的核心要素进而构建如下概括式的概念框架即："依据预先设定好的教授任务导向"，在老师的主导作用下面，"采用经典事例作为载体"使得同学们可以就这个主题展开热烈的研究探索活动，以此促进自身逻辑思辨能力的全面发展。

2. 案例教学法的实施过程

实行案例教学法通常需要经历三个阶段：预备课程、课堂操作以及课后评估。

（1）在教学前进行预备。这是案例教学的开始，应该从教师准备课程和学生预习两个方面入手。教师的预备工作涵盖以下几个部分：

首先，挑选教学案例。教师挑选适合教学的案例是一项重要且具有挑战性的任务。这需要从教学目标、案例难度、实际应用以及学生特性等方面来评估案例。

首先，我们需要为教学活动准备好相关案例。在此阶段，老师应该深入理解案例的内容，并对其中的情节有充分的掌握。同时，他们还需仔细阅读案例并对其中涉及的信息做出全面解析。此外，针对案例中所包含的问题，老师们应当明确其难度等级，逐步引导学生从简单至复杂、从具象向抽象过渡，从而使他们在最短时间内能够有效地把理论知识应用于实际操作之中。

首先，我们需要清晰地界定课程的核心内容。由于案例教学时间紧迫，因此应依据不同的教育目标来设定案例中的关键问题，并给予优先处理。在确立核心内容的阶段，需考虑到包括教学目标和学生的特性等多种元素，以防止因仅依赖于老师的个人主观臆断，而导致重要的问题未得到充分关注，或者反过来，一些已然熟练掌握的内容却被当作了主要焦点。

最终，要完成教育规划。依据学习目的与关键点，老师一般会制定教导执行方案，清晰列出各种策略流程。例如：需不需要把学员分成组别？怎么区分？团队成员之间应怎样协作？教师期望课程中出现何种情况？怎样促使它产生？对话按照怎样的次序展开？每个案例的部分需要探讨多久？是管控对话，还是让它自然进展？

在开始案例教学之前，学生需要根据教师的指示和规定来阅读并思考案例，进行个人分析。然后带着问题和目标进入下一步的案例教学环节。

（2）教育实践过程中，"案例学习模式"强调的是教员及学员间的互动合作方式为主要特征的教育理念。虽然该模型鼓励把焦点放在学生活动的中心位置上，而非传统的老师角色——即掌控全局的主导者身份，然而这并不意味着老师的存在可以被忽视或忽略掉，他们的作用如同指导演员一样重要：他们需要确保每个环节都按照预设的方式运行，并且给予适当的支持来激发同学们的热情，让他们能够更深入的研究课题内容，并对自己的见解有信心表达出来。此外还需要注意到，对于同学们提出的意见要有足够的耐心听取，并在必要的时候给出反馈，以便使整个课程更加顺利有效率的发展下去。

（3）课程结束后的评审阶段主要目标是让参与者（即学员与老师）都能获取有关此次课堂讨论的数据回馈信息，并对其做出判断或评分。这可以通过三个维度来实现：老师的自我反思；学生的自省行为；第三方的客观评论等几个角度开展工作。结束后，老师们需要对自己的教育方式做一次全面回顾，并对他们的表现做出公正合理的判定，以确保他们能清楚地了解自己在哪些地方做得不够好或者有待改进的地方，以便于他们在未来的工作中更加完善自己从而提高整体的教育质量水平。同时也要注重不要过于夸大其词以免误导他人产生错误认识，而导致无法达到预期的效果，甚至适得其反的情况发生。此外对于那些可能存在争议的话题也无需强行给它下定义，因为那样只会限制了我们的思考空间，反而会阻碍我们去探索更多的未知领域。所以最好的方法就是鼓励大家多问为什么？这样才能让我们更深入透彻的研究这些话题，进而找到最佳解决方案，而不是一味追求表面上的完美无缺

在案例教育过程中，学员作为活动的主要参与者并直观反映出教育的成果，他们对于案例的教育内容及执行情况的评判和反应构成了案例教育成效的重要部分。同时，我们也需要更深入地了解学员如何看待老师的表现，例如老师所选取的案例是否符合课程的目标和学生的需求，或者老师自身对案例理解的深度以及教学策略的全面度等。此外，我们可以通过观察课堂上的互动方式来评估老师的授课能力，包括课堂讨论的管理和指导、

激发学生积极性的方法以及案例的归纳等方面。

3. 案例教学法的特点

（1）目标清晰且具体。借助一两个特殊但有象征意义的事例，引导学生透过案例阅读、深思、解析及探讨的过程中，构建出一种适用于自身的全面并严谨的推理策略与思考模式，以此提升他们处理问题和解答疑问的能力，最终增强他们的整体素养。

（2）实事求是。所有案例都是真实发生的，没有编写者的评价和解读，案例的真实性决定了案例教学的实际性，学生可以根据自己掌握的知识来得出自己的观点。

（3）其强大的全面性主要源于两个方面：首先是相对于一般例子而言，案例包含了丰富的内容；其次是在对案例的研究与解决方案过程中，步骤相对繁复。因此，除了必须掌握基础理论外，学生还需拥有洞察时机、评估应对策略并做出决断的能力。执行案例教学的过程中，要求学生能够整合各类信息并应用创新思维去解决问题。

（4）深入的启示性。在案例教学中，没有绝对的正确答案，我们的目标是激发学生自主思考和探索，重视培养他们独立思维的技巧，引导他们形成一套分析和解决问题的思维模式。

（5）强调实践性。学生在校园内就可以接触并理解大量的社会现实问题，从而达到理论知识向实际操作的转变。

（6）在教师的引导下，学生积极参与、深度理解和体验案例的角色，通过分析、讨论和交流，提升他们的独立思考能力和创新精神。

（7）教学过程具有动态性。在这个学习过程中，老师与学生之间、学员与学员之间以及学生群体都会进行互动交流，也就是说，他们之间存在着相互影响和互动的情况。

（8）多种效应呈现出来。根据联合国教科文组织的研究报告，他们通过对包括案例、研讨会、课程讲解等多种教育管理的手段进行了调研与统计，结果显示：在提升学生的分析能力的领域中，案例法是这九大策略中的佼佼者；同时在传递知识、学生吸收程度以及知识记忆力的三项指标上，它也名列前茅；而在激发学习积极性和增强交际技能这两个维度上，它的排名为四。

第八节 职业教育教学媒体

媒介（media）是所有用于传输、存储并向接受方传达信息的实体与设备的总称。而教学媒介则是指那些被用作储存及传递知识的教育资源和手段。鉴于职业教育的实践中大量使用了实际操作的学习方法，因此对于其所使用的教学媒介有着更为严格的要求。

一、教学媒体的教学特性

四个主要方面可以解析教学媒体的教育特质：适应性、使用性、成本效益和高效率。

1. 教学媒体的可适应性

教育工具的三种适配需求包括针对教导场景的需求（即从教师活动的形态中选取）、面向不同学生的特性需要和满足特定的学习项目的要求。就教育的具体情况而言，其媒介必须能符合特定的教育教学背景条件才行得通。同时，各种类型的受众都有着各自独特的特点及偏好，这使得各类的教育资源也需具备相应的针对性以达到最佳的效果。例如，小学阶段的学生因为他们的理解能力还不够成熟，且缺乏足够的逻辑推理技巧，所以他们更倾向使用视觉化较强的教材，如图形或影像资料等等。这些能够直接反映出事物的本质及其主要元素的信息载体为首选方式去获取知识信息，并加深记忆印象从而提高学习的效率。此外，我们还需要依据具体的学科性质或者课程主题的内容属性，来自主地挑选最适合该项工作的技术手段，比如影视作品或是电脑软件程序等手段作为辅助性的授课材料以便更好地完成预设的目标计划并且取得理想的结果。

2. 教学媒体的可利用性

主要评估教学媒体的可用性包括三个方面：当老师使用该媒体时，其操作难易程度；参与者在使用媒体过程中的表现以及他们自身对于操作的掌握情况；以及学习环境和办公机构提供的使用这种媒体的便利性。

3. 教学媒体的低成本性

主要从两个角度理解教学媒体的低成本特性：一是购买、安装和制作媒体的花费；二是在使用媒体时的花费。

4. 教学媒体的高效能性

教育工具的高效率和前面提到的三项要素有着紧密联系，比如"经济实惠且高性能"的选择准则。

二、教学媒体的设计模式

1. 计算机辅助教学设计模式

现在，计算机辅助教学设计的主要形式包括：培训与学习、指导、咨询、模拟、游戏以及问题解决型。

2. 计算机网络教学设计模式

现在，网络教学设计的主要方法通常包含授课、个人指导、讨论以及研究和合作。

3. 幻灯、投影教学设计模式

目前，我们通常使用的教学设计模式包括幻灯、投影等。文字法、图像法、实物投影法、作业法、导引法和声画方法也是常见的。

4. 音像教学的设计模式

现在，音像教学的设计方法主要包括演播—提问、演播—讨论、演播—情境、演播—发掘、演播—实验融合以及演播—练习。

三、教学媒体的设计过程

采用多媒体教育方法时，通常会经历以下几个阶段：首先是解析课程内容并设定学习目标；其次是从众多教学策略中挑选出最适合的教学模式，明确具体的教学行为（例如，常用于多媒体教育的教学模式包括支撑型教学法、锚定型教学法和随意可达型教学法等等）；接着，需要决定使用哪些教学媒介来创建合适的教学环境；然后，要选取评估的方法和制定测量的工具；最后一步则是综合所有信息，对教学计划进行必要的修改与完善。

第九节 职业教育教学模式

教育方法被界定为特定教导理念或者教导原理所构建出的相对稳定的教育行为构架与行动流程。就其构造而言，强调了教育方式能够从宏观角度来理解教育的全部过程及其各个部分之间的内在联系和作用；而对于其动作来说，它也强调了教育的方式具有一定的顺序性和实践性。

一、教学模式概述

（一）教学模式的概念

"模式"这个词汇源自于英语单词model，它也被称为"模型""典范""样例"等等，通常代表了理论上对某项研究主题的逻辑架构，是一种能够实现从实践中提取出理论知识的方法体系，也是一种用以模拟实际世界的理论化的简单构造。最早把模式这一概念带入教育领域的学者，就是美国人乔伊斯和韦尔。教育方式并非预先设定好的方案，由于其过于详尽和实际执行性强，可能会丧失了理论层面的意义。"模式"这个词汇被应用到教育理念上，旨在强调基于特定的教育观念或者教育理论所构建出的各类教育的核心构造或架构，展示出教导流程中的战略系统。

(二) 教学模式的结构

通常，教学模式由五个要素构成，而这些要素之间的有序关联就是教学模式的构造。

1. 理论依据

教学模式是一定的教学理论或教学思想的反映，是一定理论指导下的教学行为规范。不同的教育观往往提出不同的教学模式。比如，概念获得模式和先行组织模式的理论依据是认知心理学的学习理论，而情境陶冶模式的理论依据则是人的有意识心理活动与无意识的心理活动、理智与情感活动在认知中的统一。

2. 教学目标

所有教育方法均旨在实现特定的教导目的，并在其构造元素中，这些教导目的是关键所在，并对其他组成部分产生约束力。这影响到教育的执行步骤及教师和学生在学习过程中的互动方式，同时也作为评估的教育标准和准绳。正是因为教育方法与教导目标之间有着紧密的联系，才使得各种不同的教育方法具有独特的特性。各类教育方法都是为了达成特定的学习目标而设计的。

3. 操作程序

教学模式各有其独特的逻辑流程和操作步骤，它为教师与学生在教学过程中应先做什么、后做什么以及每个步骤需要完成的任务设定了明确的规则。

4. 实现条件

实施条件是指能够使教育方式发挥作用的各类因素，例如老师、孩子、内容、授课用具、授课环境和授课时机等。

5. 教学评价

评估教育过程是各类教导方式所需执行以达成特定教学目标的方式及

准则。鉴于各式教导方式的目标与需求有所差异，采用的过程和环境也各自独特，因此它们的评估策略和规范也会有所区别。现今，虽然部分较为稳定的教导方式已具备一套专属的评估体系，但仍有一些尚未建立起自身独具特色的评估方案和规定。

（三）教学模式的特点

1. 指向性

每个教育方法的设计均基于特定的学习目的，且其实际应用需要满足一些前提条件。这意味着没有适用于所有教学流程的一般化方式，也没有所谓的最佳教导策略。衡量教育的标准在于找到最能实现特定目标的高效的教育途径。在挑选教育方法的过程中，我们应关注各种教育方法的特性与功能，并理解它们的导向作用。

2. 操作性

教育方法是将某一教导理念或者实践策略的核心要素以简洁的形式呈现，构建出一种较为抽象且具理论性的教学行动结构，明确界定了老师的授课动作，使老师能在教室里有法则遵循，方便他们去理解、掌握并应用。

3. 完整性

教学模式是实际教育环境与理论设想的融合，因此它具有一套完备的构造和一系列运行规定，展现出理论上的自我解读和过程中的连续性。

4. 稳定性

教导方法是一种从众多教学经验中提炼出的理论总结，它部分地阐明了教学过程中的共通法则。通常来说，这些方式并不会具体到某个特定科目，而是为整个教学提供了一个广泛的指导框架，具备稳定的特性。然而，这些教导策略往往基于特定的理论或者教学理念，而这些理论和观念又是由特定时代的社会政治、经济发展、科技进步、文化和教育环境塑造而成，所以它们始终与某一特定时代的社会背景紧密相关，并且受限于教育政策和目标的影响。因此，尽管其保持稳定性的特点，但这同样也是有限度的。

5. 灵活性

适应性和创新性是指一种教育方法，它既可以应用于特定的学习材料中，也可以展示某个理念或者观点，并且需要在实际的教育环境中执行。在使用这种方式时，我们需考虑各科目的特性、学习资料、当前的教育资源以及教师与学生的实际情况，并对其中的细节做出适当的变化，以便更好地反映出科目特色。

（四）教学模式的功能

1. 中介作用

教育模型的作用在于其能够作为各类学科教育的理论基础，并构建出一套结构化的教学方法系统，从而使得老师不再仅依赖直觉和经验去探索新的教学策略。这搭建了一个连接理论与实际应用的平台。这一角色与其源于实践且是一种理论简约的形式密切相关。首先，教育模型源自实践，它是通过选择、总结和优化特定教学行为而产生的结果，旨在为特定的教学环境及相关的所有要素和它们之间互动的关系建立一个稳定的工作架构。这个工作框架具有内部逻辑联系的理论支持，因此已具备理论层面上的含义。其次，教育模型也代表着某些理论的一种简洁表达方式，它可以使用简单的符号、图像和关系来阐述这些基于教学理论的基础特性，让人们在脑海里形成一个比理论更具体的教学执行流程。这样有助于人们更好地理解某个教学理论，同时也能让该理论在实践中有更好的运用效果，成为实现理论指导教学的重要途径。

2. 方法论意义

教育模型探索是在教导研究中的一项创新策略。长久以来，我们通常采用一种单调且固定的思考方式来处理教学问题，更倾向于通过解析的方式深入了解教育的每个环节，却忽略了这些元素间的关联或者互动；我们也常常陷入对各种要素间关系的抽象辩证理解之中，但对于实际的教育活动并没有足够的关注度和实践意义。教育模型的研究引导我们在全面的角度去探究教育进程中的各类因子如何互相影响，并展现出多样的形式，以动态视角揭示教育流程的核心与法则，同时也为提升教学规划及优化学习历程提供了一定程度的支持。

二、典型的教学模式

（一）范例教学模式

回溯过去的历史轨迹可以看到，虽然"示范式原理"并不是凭空产生的概念或理念。从远古时期来看，它已经成为选择教导内容的标准之一：即古典时代的雅典及罗马文明的教育体系里就已经存在这一观念。再看现代哲学的领域内，许多学者包括像卡默尼乌思（Quamenous）、克恩特（Kant）还有赫赛勒（Husserl）等人都有关于通过模范来塑造认知力、品行修养乃至艺术鉴赏力的观点被提出来，并得到广泛讨论。而皮斯特拉鲁奇（Pestalozzi）的基本元素教育教学方法也是基于此种模式建立起来的。然而，"模型化学习方式"，作为一个独立完整的学科系统却是在二战后才得以确立起来，并且得到了推广应用。这是因为战争结束后科学技术的发展速度惊人地加快使，得人类面临着从未有过的大量新知冲击的问题；各国的应对策略首先就是增加教材的内容数量，试图满足这种需求，但最终的结果却是学生的学业压力增大且课堂效果降低。因此各个国家都在寻求创新性的课业设计方案，以便能够有效回应这个由信息膨胀带来的巨大难题。

针对教材中存在的内容过量且滞后的问题，1951年在德国蒂宾根举行的关于课程与教学改革问题的会议上提出了解决方案：通过让学生深入理解具体实例的方式，掌握知识的规律性。这次大会对范例教学理念给予了高度认可，从而为其发展及实际应用提供了基础。

1.范例教学目标

"问题的解决学习与系统的整合""知识的获取与技能的发展融合"，"主导者与被影响者的结合"，这些都可以作为对范例教学的目标及需求的总结。

（1）"整合问题解决和系统学习"是这一理念的核心。首先，它强调了根据学生的疑惑或者他们提出的疑问来设计课程；其次，这些问题往往具有体系化特征，因此通过解答它们可以掌握到完整的知识结构。尽管这个教育模式是从部分开始，但是所学到的知识并非散乱无章，依然保持着它的完整性和连贯性。

（2）"整合知识获取与技能提升"这一观点强调了在同一教学进程中实现知识传递与技能训练的一致性，同时也将知识传播与教授科学技巧、学习策略及提高能力相结合。这也可以被视为"形式主义教育观与实际主义教育观的融合"。其中一种倾向于重视知识，另一种则更注重能力。根据克拉夫基的研究，这两个相互冲突的教育流派都未能深入了解教育的根本特性及其运作机制，唯有全面且批判性的综合两者，才有可能准确洞察其深层含义并推动教育实践的发展，避免走向片面化或者过于极端的情况。因此，他提出了一套关于教育过程中的两个主要阶段：一是从自身经历或他人经验中汲取客观（即实质性和知识性）和主观（即形式性和能力性）元素的过程；二是这些要素在教育活动中得到平衡发展的过程。

（3）"主客观的整合"。主观方面指的是接受教育的个体，而客观方面则是学习目标。这种整合意味着老师需要同时理解并掌握教科书的内容，同时也需对学生的学习能力及构成有所认知。在授课过程中，应把这两个关键的教育元素融合在一起来思考。

2. 范例教学内容

"范例教学法"倡导选择包含核心元素、基本要素及基石要素的典范例子，透过对此种示例的学习研究，引导学生由个体至全局，自具象向抽象过渡，并以认知为起点深入领悟和把握具有普适性质的规律和原则的形式。所谓的"范例式解释'个'案"，指的是利用典型的现实情况和事件来说明事物的基本特性；所谓的"范例式解释'类'案"，是使用大量本质上同于'个'案的情况和事件来揭示事物的本质特质；"范例式掌握规律原理"则意味着从众多的"类"案中提炼出规律和原则，在这种概括过程中，应注意对于规律或原则的描述必须精确无误，同时也要明确其命名；掌握规律原理的主要目的和价值在于应用，因此教育者需要教会学生如何有效地运用这些规律和原则；为了评估学生对规律和原则的理解深度，以便获取有关的信息反馈，规律原理的使用练习是必要的教学步骤。

所以，我们在选取范例教学的内容时要遵从"三个性"原则，包括"基底性""根源性和"典范性"。其中，"基底性"意味着教育应该传授给学生最基本的知识，例如核心观念、主要科学原理或者基础知识架构；"根源性"则表示教育的主题应当符合学生的初级体验与生活现实，并适合他们的智能成长阶段，换句话说就是这些主题对于接受过此类经历的人而言具有基础性质；最后，"典范性"指向的是我们教授的学生应该是经过精挑细选的，能够作为榜样的事例及学习资料，这将有助他们触类旁通，实现学习的转移和实践运用。这些例子必须是一个完整的映射，能让人们通过观察局部就能看到全部。

3.范例教学过程

范例教学过程遵循人的认知规律：从个别到一般，从具体到抽象的过程。在教学中一般从一些范例分析入手感知原理与规律，并逐步提炼进行归纳总结，再进行迁移整合。因此，范例教学的基本过程是：阐明"个"案——范例性阐明"类"案——范例性地掌握规律原理——掌握规律原理的方法论意义——规律原理运用训练。施腾策尔提出了范例教学的四阶段构成：

（1）范例性地阐明"个"的阶段

在这个时期，我们需要利用典型的案例来解释事物的主要特性。详细地说，就是让学生从特定的、独特的和直接的事物样本中，理解并把握其核心特点。

（2）范例性地阐明"类"的阶段

在这个时期中，我们利用前一阶段所获得的理解来对事物进行分类和预测，以了解这类对象的一般特性。更具体的来说，就是把在前一阶段学到的"个"，根据它们的基本属性，放入到类别观念的逻辑框架内进行分类，并从那些具有相似基础属性的众多个体情况中得出结论。

（3）范例性地理解规律性的阶段

在这个时期，我们需要利用之前两阶段学到的理解来提升至对规则和模式的理解。更确切地说，就是从"个别的"中提取并概括成"类别"后，探索这些"类别"内含的某些根本性质与规律的内容。

（4）范例性地掌握一般经验阶段

这个阶段的教学目标是在前述三个阶段的基础上，让学生获取关于世界和生活的知识。这样的教学不仅使他们了解了现实世界，也让他们认识到自我，并在思想情感上发挥作用，从而提升他们的行为自觉性。

（二）抛锚式教学模式

抛锚式教育方法是一种基于当前流行于西欧的技术学理念的教育方式，它受到了建构主义学习的强烈影响。这个教育模型由 CTGV 团队，也就是温特比尔特认知及技术组，在约翰布朗斯福特的指导下创建。此种教导形式依赖于具有吸引力的事实或者实际问题的设定。这一类事实或问题被称为"抛锚"，是因为它们能决定整套课程的内容和流程（如同船只用锚定住一般）。其理论根基在于建构主义观点。根据建构主义，为了实现对于所学内容的深层理解，包括了解这些内容揭示出的对象属性、规则及其与其他相关元素的关系等，最佳途径就是引导学生进入真实的实践场景中亲身经历并体验（也就是说，通过获得第一手资料来学习），而非仅听取他人（比如老师）对此类的描述和解释。

1. 抛锚式教学目标

以问题为导向的学习方法旨在让学生在真实的情境下激发求知欲望，并在协作环境里与其他同学互相讨论、分享知识，从而实现自主探究和创造性的思维方式，让他们亲自经历从确定目标到达成目标的过程，以此提升他们的自我探索技能、解决问题技巧、创新意识及团队精神等等。

2. 抛锚式教学内容

抛锚式教学的理论基础是，教学应以具有吸引力的实际事件或问题为依据。因此，抛锚式教学的主要内容是典型的场景、事件或问题。

3.抛锚式教学过程

抛锚式教学需要构建问题的情境并在适当的时候提出，同时也要注意情境对学生的影响和启发。因此，抛锚式教学可以由以下几个步骤组成：

（1）创设情境

教师选择了特定的职业环境，使得学习能够在与公司的实际生产和运营状况基本吻合或相似的情境中进行。

（2）确定问题

在这个背景中，我们挑选了和目前的学习主题紧密相连的真实情况或者难题来充当学习的核心部分。被选出的这些事情或疑问被称为"锚点"，这个步骤的主要目的便是"抛锚"。

（3）自主学习

不是由教师直接告诉学生应当如何去解决面临的问题，而是由教师向学生提供解决该问题的有关线索，并特别注意发展学生的"自主学习"能力。自主学习能力包括：确定学习内容表的能力（学习内容表是指为完成与给定问题有关的学习任务所需要的知识点清单）；获取有关信息与资料的能力（知道从何处获取以及如何去获取所需的信息与资料）；利用、评价有关信息与资料的能力。

（4）协作学习

通过团队或整个班级的讨论和互动，以及不同观点的碰撞，来增强、修正和深化每一个学生对现有问题的理解。

（5）效果评价

因为采用抛锚式教学法的过程实际上就是问题解决，这一过程能够直接显示出学生的学习成果。所以对于此类教学效果的评估无需依赖独立于教学流程的特殊测试，只需在整个过程中持续观察并记载下每个学生的成绩即可。

（三）探究式教学模式

"探讨式的教导理念可以从古代雅典著名的学者Socrates提出的理论中

找到源头",而首次正式提倡使用研讨型学习的概念来替代传统的授课方法的是一位美国的杰出科学家 Schwaber（1987）他认为：这种新的课堂形式能够有效地平衡学校课程时间限制及科技进步带来的无尽需求的问题；同时它也提供了让学员们能在其间自由寻找答案的环境条件，并且鼓励他们去发掘新的事物，从而实现他们的个性化成长目标。此外该种新型教育的核心在于强调对问题的深入理解，而不是单纯记忆知识点或公式等内容上的一种变革思路，这是非常值得我们借鉴的地方！

1. 探究式教学目标

虽然探索式的教育方式耗时较长，但是它是我们培育出能够创新思考并找寻理论的学生的唯一线索。这种教育模式强调问题的解答，重视学生的个人行动，关注他们的思辨能力和团队协作精神，同时致力于提高他们自我学习的技能。探索式的教育建立在小团体的学习基础上，依赖教师和学生的互动交谈作为主要驱动力，具有自发性、提问性和沟通性的核心特点，并且追求高效率、愉快感和人性化的本质，最终目的是全面提高学生的学术表现和人格修养。

2. 探究式教学内容

课题是探讨式教育的基础和中心，而所有的活动都以解决这些课题为中心。设立必须解决的提问是探究式教学的初始阶段，也是深入研究的最初起点。

3. 探究式教学过程

依据皮亚杰和布鲁纳的建构主义的理论，注重学生的前认知，注重体验式教学，培养学生的探究和思维能力。教学的基本程序是：问题——假设——推理——验证——总结提高。首先创设一定的问题情境提出问题，建立一个民主宽容的教学环境，尊重学生的主体性，然后组织学生对问题进行猜想和做假设性的解释，对那些打破常规的学生予以一定的鼓励，不要轻易地对学生说对或错，教师要以引导为主切不可轻易告知学生探究的结果，充分发挥学生的思维能力，再设计实验进行验证，最后总结规律。

(四) 掌握学习教学模式

自二战后起，全球范围内的科技创新及经济发展推动着高等教育的全面进步。然而伴随这一进程的是各种新问题的涌现——其中最显著的就是所谓的"劣等生"现象在美国尤其明显。这主要源于该国于1958年的立法行动：透过实施名为《国立防卫高等教育法令》(National Defense Education Act)的国家层面的重大变革计划来提升国民素质、培育具备高级研究能力，并精通前沿技术的专业人士。以便对抗前苏维埃联盟的人类太空探索成果对美利坚合众国内部领导力的威胁，并在国际竞争中保住领先位置。到了二十世纪六十年代初叶，基于著名学者布鲁姆提出的分科教学体系理念下的基础阶段课改方案被推行开去，但它却过度关注知识的高级性和复杂度，使得教本晦涩难以理解，且无法满足广泛的学生需求。同时过度的概念化处理方式让课本远离现实生活的情境，从而引发出大量学子的反感甚至抵触，进而产生大量的所谓"不良学子"，这种状况显然是违逆时代和社会的需求趋势的。

掌握学习（Mastery Learning）是美国心理学家和教育学家布卢姆提出的，他认为，只要用于学习的有效时间足够长，所有的学生都能达到课程目标所规定的掌握标准。所以，在集体教学中，教师要为学生提供经常、及时的反馈以及个别化的帮助，给予他们所需要的学习时间，让他们都达到课程的目标要求。掌握学习模式的提出主要是为了解决学生的学习效率问题，以大面积提高学习的质量。

1. 掌握学习教学目标

掌握学习教学模式的提出是与布卢姆的"教育目标分类学"联系在一起的，布卢姆把教育目标分为认知、情感和动作技能三大领域。认知领域的教育目标分成六大类，分别为识记、理解、应用、分析、综合、评价；情感领域目标分为五大类，即接受、反应、价值评价、组织、由价值或价值复合体形成的性格化。技能领域目标分为七大类，即知觉、定势、指导下的反应、机制、复杂的外显反应、适应、创作。教学目的必须让学习者明确，学习者必须清楚地理解教学目标即学习任务。

2. 掌握学习教学内容

理解并把握所教授的学习主题，根据学习目的对之进行归类，将其划分为各个领域内的知识、情绪及技巧。这些知识源于社会的实际操作经历，初始形式为个人经验积累，进阶则成为系统的科学理论体系。按照获取途径划分，可以把它们分成直接或间接得来的知识。从内容的角度来看，有自然的科学知识、社会的科学知识以及思考的科学知识。哲学的知识是对自然界、社会以及思想方面的知识进行了抽象和总览。情绪作为态度的一个组成部分，与其内部的感觉、意愿保持和谐统一，是一种较为深层且稳定的心身反应和体验。技术则是经过训练后能执行特定任务的一系列行为模式，包含了心理上的能力和身体的行为能力。

3. 掌握学习教学过程

首要的是，无论是老师还是学生都需要对于"掌握学习"持有信念，而作为老师的我们需要对所有学生寄予真挚的期待。接下来，为了执行这个掌握学习的策略，老师们必须清晰地定义学习内容领域，设定具体的学习目标，并且制定可以衡量这些目标实现程度的测试方法。此外，他们还需要设计出达成这些目标所需的教育规划，这其中包含了教育单位的排序顺序、每一个单位内的教导方式、考试与反馈修正措施等等。实行掌握学习教育的常规流程是：

（1）根据布卢姆的观点，教育过程实际上是一个通过预期目标来调整和影响学员行为的过程。所以，首要任务是在学生中建立起对设定目标与方向感的理解。这包括让他们清楚地了解需要学的是什么内容，如何去学，以及期望达成的水平。此外，持续激励学生以增强他们的信心和动力也是非常重要的。

（2）为了有效地实施学习反馈修正，教师根据课程的目标和学生的基本情况来设计相互关联的各部分单元（通常是一章或者一个主题）的教育。每个完成的教学单位后，会花费大约20—30分钟的时间对学生进行测试

（也就是形成性的评估）以了解他们学到的知识是否存在不足之处或是他们的学习进展如何。这种自我检查的方式可以使老师和学生能够迅速获得关于教育和学习的反馈数据。一般来说，这些测试是由学生自行评分。如果学生已经理解了 80%—90% 的内容，那么就可以认为他达到了该单元的掌握程度。然而，如果他的分数没有达到预设的标准，他就需要再次复习这一部分或者是整个单元，然后再次考试，直至完全掌握为止。通过设立系统化的反馈和纠错流程，掌握学习方法旨在让大部分的学生实现掌握学习状态。

（3）通过对每个科目各个章节的学习成果进行持续性的评估，我们会在学年末举行一次总括式的测试（即总结式测评）来确定学生的掌握程度。这个评分标准并非基于班级内的排名或成绩，而是根据他们是否达到了预设的目标来决定他们的等级。因此，这种期末考及划分级别的目的是为了激励学生们能够不断提升自己的能力，从而实现真正的掌握学习状态。

三、教学模式的发展

伴随着科技进步所带来的新一轮科技革新，教育的现状正受到严峻考验。这激励了我们运用新兴理念与技能来探究学校的教导及学习难题。当代心理学和人脑运作原理的研究，以及认识论对于个人理解流程的总结，都为人类大脑处理信息的途径提供了深入了解。尤其是系统论、控制论、信息处理理论等概念的出现，它们对教学方法产生了深远影响，并引发了一系列全新的教学策略。所以在这个时期，我们在教育界看到了大量的教学观念和理论的涌现，同时伴随而来的还有各种新型的教育方式。

（一）从归纳型到演绎型

归纳型教学模式重视从经验中总结、归纳，它的起点是经验，形成思维的过程是归纳。演绎型教学模式指的是从一种科学理论假设出发，推演出一种教学模式，然后用严密的实验来验证其效用。它的起点是理论假设，形成思维的过程是演绎。归纳型教学模式来自于教学实践的总结，不免有些不确定性，有些地方还不能自圆其说。而演绎型教学模式有一定的理论基础，能够自圆其说，有自己完备的体系。

(二) 从教为主到学为立

传统的教育方法主要关注的是老师应该怎样教授知识，而忽略了学习者是如何掌握这些知识的问题。杜威提出的"反传统"的教育理念让人们意识到学生应该是学习的主导力量，从而开启了研究基于"学"的学习方式的研究。当前教育的进步方向在于强调学生在教学过程中的主动地位，注重他们对于课程的投入，并依据教学需求适当地安排"教"和"学"活动。

(三) 从传统方法到信息技术

在现代教育模式的探讨中，信息技术的重要性日益凸显。教学环境的科技含量也在逐渐提升，我们需要最大化地利用可供选择的教学环境来设计教学方法。

第二章　职业教育教学改革

可以说，以其实用性和对社会发展的推动力而言，职业培训是一种最具效益的教育方式。它旨在协助经济增长并培育大量具备专业技术和高级劳动能力的人才，来满足地区的发展需要，这是职教作为一个独立教育的核心价值观及其基本目标。随着经济社会的变化趋势，影响着职业技术学习的内容选择和社会实践的方式方法等等方面，都呈现出动态变化的特点。

第一节　我国职业教育教学改革的时代背景

若想深入理解中国职业教育的演进过程，我们需要从中汲取并思考那些对我们的发展具有启示性的基本要素，其中"知识"与"技能"的关系是需要我们重点关注的一个认知架构及分析模型。这个观念为我们在回顾中国的职业教育历程时，寻找教学改革的核心逻辑提供了一个关键的理论脉络和基石。

"知识"和"技能"是职业教学中的两类不同的教导方式或是说其内容的选取及组织的方式。第一种方法注重于系统的理论知识，通过学科知识结构作为逻辑基础来构建课程；而第二种则是关注实际应用场景下的知识获取，特别是在特定的环境中理解并运用隐含的知识。在这个社会变革的时代，对于这两者的重视程度与其说是个人偏好，不如说是反映了社会的总体趋势。例如，在社会主义计划经济时期的中等职业技术学校（如中专、技校）被视为一种精英教育形式，因为当时的社会主义发展急需大量中级技术人员，所以必须减少本科学位的内容，使学生能够快速吸收所需的知识，以便他们能迅速地投身到这个伟大的现代化建设工作中。另外，在这种体制下，学生的专业方向并不一定完全符合未来的工作需求，因此，他们在毕业后会被分派到各种不同的工作场所，这就使得他们的基础知识变得更为重要，而这些基本技能只有依靠工场的导师才能教授给他们。在构建了社会主义的市场经济体系后，中等职业技术学院必须致力于为当地社会发展提供"实用"和"稳定"的专业技术人员，当前的社会生产能力并不需要学生全面了解与其职位相关的工作知识，而是要求他们具备足够的知识以满足就业需求，这种知识的需求量与实际工作的对应程度是相互协调的，因此，熟练掌握与工作岗位紧密联系的技巧成了职业教育的核心教学内容。

接下来的一章我们将讨论中国职业教育领域所经历的大变革时期。

一、学习型社会

（一）学习型社会的内涵

所谓的"学习型社会"是指一种能够推动并确保全社会成员都参与到持续的自我教育与终身教育的体系中去的社会环境。它的主要含义就是强调全体人民都要积极地投入到学习之中，并且要保持一生的学习态度。它就好比是一张二维图表中的两条线段，分别代表着个人和社会对知识获取及其生活质量和事业进步的关系。有些学者则指出，从表面来看，建立学习型社会的目标就是要创建一个鼓励全员学习，且倡导一生都在不断进修的环境，而学习型社会的实质就是一个"用学习来驱动成长的社会"。学习型社会所包含的内容包括：个人的自主学习是为了实现个体的提升；组织的集体学习旨在推进机构的发展；国家的整体学习可以助力国家的繁荣；

长期的学习有助于人们的全面发展；适应性的学习能带来多样的成果；自发的学习可助推内心的成熟。

自二十世纪六十年代至七十年的西欧经历了一段充满挑战却也富有活力的时代。在此期间内，科技创新为人类生活方式和社会经济带来了巨大的转变，同时伴随着大量的新兴的社会冲突如环保议题、心理健康困境、技能不足等问题愈发凸显出来。在此背景下，美国的研究者 Hutchins 首次提倡建立"Learning Society（即学习型的社群）"这个理念以回应当时的问题并对未来做出展望。该观念最初被视为解决当前问题的方案之一，并且融入了解决未来的新思路中去。Learning society 强调个体全面而平衡地成长为其主要的目标方向，这对于构建新型经济发展模型具有重要意义。UNESCO 于 1972 年发表的教育著作"Education for All – The World at School Today and Tomorrow"中明确表示教育的普及性和广泛适用范围不再局限于特定年龄层的人群，而是应该覆盖所有人群且贯穿其整个生命周期。同样是在 1996 年出版的一本名为"The Wealth of Knowledge"的书中进一步说明全人终生受教育的重要性，并将之定义为了驱动全球进步的主要力量。两部作品都成了 learning society 的基础文献，并在之后得到了众多国家的响应纷纷开展相关的学习社区建设工作。

学习型社会是一个时代的创新和社会进步的结果。当前的世界正经历着前所未有的大规模变革和调适，科技的飞速进展使得每个国家和地区都需要依赖创新和人力资本提升，以适应这个迅速变化的时代。在"后金融危机"时期，面临长期的就业问题和生活竞争力，面对现代化生活的快速转变及工作的更新换代，公众福利的增加更多取决于个人的主动学习和个人能力提升。近些年来，各种因素再次强调了建立学习型社会的重要意义。这其中包含了全球化的加深推进、移动网络技术的普及使用、信息爆炸式的增长、人流的频繁往复、社会结构的转换、全球环境的影响及其可持续发展等等。为应付这一系列的新形势，联合国教科文组织在 2013 年明确提出"终生学习成为 21 世纪教育哲理、理论体系和管理准则"，并将增强个体能力和学习的观念作为核心思想。可见，在这个二十一世纪，我们的学习需求比过去任何时刻都要更为迫切、持久且全方位，整个社会的人群唯有不停歇地学习，才能够迎接未来的挑战。学习型社会并非天然生成，它需要我们依据实际发展的情况，去构建学习型的家族、公司、社群、城镇乃至城市等。

"学习型社会"这个理念紧密联系着"终生学习"，它主张个体作为学习的主要参与者，人类的主观性和自我意识在此过程中得到空前的凸显，这是人类最核心的特质之一。学习不仅仅被视为个人的权益和人权，更是每个人应尽的责任和义务。"终生学习"重视个体的主动性、自发性、积极性和责任感，包括其对事物的看法和行为动力，以及挖掘潜在能力和提升自身品质的过程。因此，"终生学习"相较于"终身教育"而言，更为深入地影响了人们的发展和进步。当"全民终身学习"的基本框架建立起来时，就是我们达到"学习型社会"的目标的时候；同样，当我们能够充分且有效的实施"全民终身学习"计划时，也是我们的国家真正进入"学习型社会"的那一天。

(二) 学习型社会的特征

总的来说，学习型社会有以下几个显著特性：

第一，学习成为全民参与的社会活动，成为经济社会发展的主要动力。在学习型社会中，社会地位、家庭背景以及健康状况等个体差异都不足以成为制约个人学习的障碍因素，学习机会不再为特定年龄阶段或特定阶层的人群所独享。不管在生命的任何阶段，不管其原有学习基础如何，都可以从社会中获得相应的教育和学习机会。一个全民参与的终身学习的模式将取代有选择的、占主导地位并集中在较为有限的时间段的学校学习模式。学习型社会是在知识经济背景下诞生的，知识学习和运用的主体是人，学习将成为人力资源开发最基础和最重要的活动，成为最主要的经济发展动力。同时，学习活动还是维系社会成员联系、促进社会阶层流动和完成社会统合的主要途径。

第二,最大的学习资料被充分利用了。伴随着学习型社会的发展,它与信息化时代同步出现。由于现代信息技术的进步,学校的教学中心位置正面临着持续性的质疑。在这个学习型的社区中,学习活动可能发生在各个具备教育训练职能的地方,虽然它们各自独立且特性、职责、方式有所差异,但是借助创新管理体系及现代化信息技术工具,我们可以构建出互联互动、各有特点并紧密协作的学习资源网路。最重要的是,所有的学习资料得到了全面的整理和分配。每个人都可以随时随地用身边可获得的技术设备来参与学习活动,这就是所谓的"四A"学习法:Anyone、Anytime、Anywhere、Anydevice,这种广泛学习的理念正在逐渐变成现实。

第三,学识被视为人类存活及其进步的核心要素。在一个以教育为主导的社会环境下,求知若渴已然成了人们获取工作和生活所需工具的一种方式,并且会贯穿于个人的整个生命周期之中,形成一种长期且连续的行为模式。正如Hutchins指出的那样:"变革速度加快",这是构建高效能社会的必要条件之一;这不仅仅意味着对于职场活动的必备技巧或技术的提高,还包括了社交关系和社会结构上的变动趋势——即所谓的"流动态态化"现象。这些转变无疑会对个体的认知能力提出更高的挑战,同时也会促使其思维理念发生相应的调整和改进。因此,在这个充满创新精神的环境里,渴望探索新知的热情、积极的态度加上持久地追求进取的精神将会是一个人在这个世界上获得成功的关键因素。

第二节 慕课:教育技术的新进展

英国的两名学者——戴夫·科米尔与布赖恩·亚历山大于2008年首先明确提出了"慕课"(Massive Open Online Course)这一术语来描述一种新型的教育模式:通过互联网向公众提供的大规模且免费的高质量线上学习资源。这种新的形式迅速获得了广泛的社会认可及各大知名学府的支持,包括美国斯坦福大学的 Edx 项目和其他一些知名的机构如谷歌公司都参与其中。自此以后，越来越多的学校开始采用这个新颖的学习方式以满足不同学生群体的需求。

一、慕课的基本特征

相较于传统的在线课程，MOOCs 具有两大核心特性：其一是公开访问性和灵活扩充性，这意味着所有人都可以无偿参加这些网络课程；其次是它们能被构建得适应大量学员同时参与。借助云计算、物联网及大数据技术的结合，我们得以实现"技术驱动的教育体系改革与升级"。正是由于这两大特点使得 MOOCs 受到了极大的关注度。除了推动优秀课程资源的分享外，他们还提供了满足个人需求的学习条件。一方面，这种由老师主导的教育方式与以学生为主导的 MOOCs 之间存在的冲突，可能会变成我国职业教育领域主要的问题，这也给我们的职业教育带来了巨大的压力。然而，另一方面，MOOCs 在课程内容和个人定制方面展现出的优势，也将为我们提高职业教育水平带来新的机会。目前，通过查看如 Udemy 这样的平台上的数百门职业类课程，我们可以预见并提前考虑 MOOCs 对于职业教育的影响，以便跟进全球趋势，保持与大学同等水准的服务，从而探索出一条适合中国的职业教育 MOOCs 的发展道路，这是非常重要的。

二、在慕课的协同作用下，职业教育教学改革的潜力和机会被发掘出来

对于学校文化和学生的社交网络建设来说，线上的学习方式存在不足之处；而从职业培训的角度来看，仅依赖于线上教育难以满足对隐性知识的学习需求及职业道德和情绪的管理需要。通过融合线上和线下教育并结合创新策略，我们可以在我国的教育体系中实施一种"网络课程＋当地教师现场

深入互动"的新型教学方法，这将为我们的职业教育带来全新的发展机会。

（一）优化课程资源，提高教学质量

现有的基于优秀教程构建的专业教导资料馆存在着落后的教材观念及运营方式，主要还是一种传统的规划式经济发展模型的产品。由于起始点较低且更新的速度较慢，系统的封锁性和执行流程的不完整都导致了培训效果欠佳的问题出现。MOOCs 对于高层次的教育最显著的影响，就是优秀的有限制的高级知识可能会受到广泛公开的学习材料所带来的威胁。例如：MOOCs 市场的主宰地位；大规模的使用率及其降低费用的能力等等都是它们的竞争力的体现。另外还有专门化的在线课堂设计方案来满足学生需求，并提高他们的成绩水平也是它们的一大优点之一。此外还包括一些著名的教授们也会参与到这个领域中去，从而进一步增强它的影响力。这种现象将会极大地动摇那些旧式的常规教室的存在感，并且会使得他们逐渐被淘汰出局，或者转变角色变成某些新颖学科的基础设施建设单位，或是实践操作场所（如实验室）。因此我们可以预见的是当高质量的新鲜内容开始向社会公众敞开大门的时候，原本的一些次要，甚至是不太好的素材就会遭遇到毁灭般的打击，进而促成整个行业的良莠分明的发展趋势，同时也能有效地推进整体素质的大幅度上升

（二）实施差异教学，提升教学效能

实行个性化教育是提高教学效益的关键方法。慕课有能力为在校生提供更多的选择，让他们能够轻松地接触到本校可能没有的课程或者不同的教学内容。用户通过推送技术，向学者提供个性化的教育资料能显著提升他们的独立性和目标导向性。MOOCs 遵从以人为本的教育理念、熟练掌握的原则、构建主义理论、程序型学习和富有意义的学习法则，通常会把大约两小时长的视频材料（即单次授课或 session）分割成多个约八到十五分钟的知识点单元（modules）。这样一来，学生可以通过这些带有复习性质的小测试，来逐步完成各阶段的学习任务。同时，他们也能根据自己的需求选择合适的下载方式，实现更自由、更有弹性的学习过程，包括时间长度、

开始时刻、地点及重复次数都可自行决定。另外，大量线上学习的痕迹也能够用于研究各类学习者的行为模式，并评估大型网络课程对技能培训的效果，进而持续优化职业学院的教学质量。

（三）推动教师分化，促进专业发展

高质量慕课的开发、线上与线下教学的有机结合，需要打破学校与企业以及学校间的界限，重新组建教学团队，进行分工、协作：表达能力、感染力强，具备较强人格魅力的教师或企业技术骨干，将成为网络视频主讲教师或线下教师团的成员；具有较强科研和策划能力的教师，则更多地进行市场调研、知识重组与课程开发、课程教学与学习以及课程满意度等方面的研究等；更多的教师将成为"翻转课堂"学习方式下课堂学习的辅导教师。当然他们在集体备课、学生学习研究等方面也能贡献自己的智慧。这样，随着慕课的发展，将形成专业性更强的、具有明确分工的教学团队。此外，课程市场的形成，将充分调动优质教师的积极性，企业的技术能手可以通过慕课平台开设自己的职业类课程，或与职业院校合作开发相关课程，职业院校的教师也可以将自己的明星课程进行打包出售，兼职于慕课平台，或者建立独立的培训机构，这将不断提升相关教师的教学能力。不可否认，慕课是一种"破坏性创新"，慕课的发展可能会对部门教师产生不利影响，教学效能的提升将导致一些教师失业或转行，教师的"精英化"可能会破坏很多教学能力差的教师的职业生活。然而，慕课也会推动教师的多元化和职责转型。面对个性化学习需求，教师的角色分工将变得更加精细。慕课还能进一步帮助教师适应网络时代的教育要求，促使他们的专业成长。

（四）丰富教学手段，满足发展需要

显而易见的是，随着我们步入信息时代的门槛，电脑及网络正逐渐改造各种任务的工作特性，许多原本依靠单纯体力的职位，开始转变成以人和复杂符号系统的互动为主导的智能需求。这对于从事这些岗位的人员来说，其整体素养的要求也在逐步提升，包括如何学习、怎样搜集资讯、如何有效地分辨并评估个人所得出的结论等问题，已成了职业培训必须教授给学生的基本技巧。使用传统的"黑板 + 粉笔"或者通过简单的模拟来传授的方式，很难培育出适应信息社会所需具备强大持续发展的潜力的高质量技工人才。MOOCs让学生置身于现代互联网技术的氛围之中，相关的课程学习能增强他们学习的效率、自我反省的能力、辨识和评判信息的水平等等。此外，MOOCs课程的设计师还可以借助教学工具创建虚拟的职业场景，以此向学生传递实际工作中必备的专业知识和技能，同时给予学员尝试犯错的机会，但又无需担心因为失误导致的严重后果，充足的试验环境使得学生能够观测到自己的决策效果，进而锻炼他们在面对意外情况时的应变能力。

三、建立现代化职业培训系统

如何对"现代职业教育体系"有一个清晰的认知呢？只要职业教育跨越到不同的层级并构成了一个完整的体系，那么它的意义就超越了传统的定义。然而，最重要的是去理解"现代"这个词语的含义。表面看来，"现代"是指区别于过去的、传统的观念。但是，在各个社会科学的研究领域里，它们具体的时间界定却有所差异。从全球的角度来看，职业教育的发展历程可以概括为：工业革命之前的学徒制度，工业革命后直到二十世纪的中期的学校职业教育的发展和推广；二十世纪中叶开始，通过法律的形式确立了职业教育体系；最后是在二十世纪后期直至现在的全球化的趋势下，终身学习理念的影响以及知识型经济背景下的职业教育，等等。在我们之前的相关研究中，我们将"现代职业教育"解释为主要由学校主导的职业教育模式，而随着时代的变迁，我们要建立的"现代"职业教育体系必须适应21世纪之后的世界格局。因此，在国际层面，"现代职业教育"的主要特点通常被视为推动人类持续发展的动力，也就是从终身学习的视角来构建学生的职业生涯的教育体系。我国提出的"现代职业教育体系"在于创建服务于现代化产业发展需求的职业教育体系，这使得它更加强调经济发展的作用。现代职业教育的人才培养应该服务产业发展,还要促进学生职业生涯的可持续发展。作为技术主体的人,是存在,是手段,也是目的。

根据这个观点,我们可以理解为,当代职业教育是对传统的职业教育的替代。这种新型的教育模式是为了满足当前社会经济的需求而设计的,它最显著的特点就是"持续进步":既能推动学生的长期成长并提高他们的再就业能力,也能助力社会的稳定及持久的发展。基于这一观念,所构筑的现代职业教育框架应具备三大核心特性:首先是开放性,这意味着该体系需与其周边的环境如工业领域和基础教育保持紧密联系;其次是系统的性质,即整个架构必须完备且有深度,以增强对职业教育的吸引力,同时也符合行业变革的要求;最后是适应性的体现,也就是设计时须考虑到地区经济发展的不平衡情况,各类专业的差别,以及学生个人需求的变化,确保适度投入但不过于浪费资源,实现动态、渐进式、灵活化的建设新一代职业教育体系。

第三节 教学设计的基本原则

关于职业教育的教学设计,其基本原则会根据不同阶段的目标、对象和内容进行调整。鉴于理论知识体系课程和技术方法体系课程的实际已经被广大人群所熟知,我们在这一章节主要将介绍以实践为导向的原则。

一、系统整体优化原则

教学设计是一个系统化的规划过程。因此,应当遵循系统性、全局性和优化性的原则进行教学设计。

(一)系统的原则

教导设计的核心在于理解并掌握系统的构造与性能之间的关系。在这个过程里，我们不仅需要单独地去评估各个组件，例如课程内容、课本资料、授课方式、科技工具、学习环境、学员及老师等等，还需要深入了解它们之间如何相互影响。这种互动模式会产生各种不同的组合形式，从而塑造出独特的教学体系，进而确定其效能的高低。以某职业技术学院为例，他们采用的是传统的学科课程设置、学科书籍编写和学科教学策略，这样即使引入最先进的技术手段，也很难培育出具备高度职业素养和强大职业能力的技工人员。

（二）整体的原则

每个体系都有其独特的全局特征。在教育设计的流程里，我们需要充分利用这种全局特质，平衡各组成部分之间的联系并调整整个过程的步骤，把每一个组件和每一阶段纳入到总体框架内进行评估，通过实现总体系统的最大化效益来调节所有部件和全部阶段，构建出最优的教育架构，以此提升教育的效率，避免出现教学效果差的情况。

（三）优化的原则

效能是教学设计的重要评价目标。在教学设计过程中，还应注意教学效果和投入。比如，媒体选择除教学目标、教学内容、教学对象、教学条件以外，就需要考虑所需代价。目前，教学媒体可分为两大类：一类是传统教学媒体，如教科书、黑板、挂图、实物、标本和模型等；另一类是现代教学媒体，如幻灯机、投影仪、录音机、录像机、计算机等。随着计算机和数码技术的发展，多媒体计算机将在教学媒体中发挥主要作用。因此，教学设计应充分考虑利用多媒体计算机带来的强大教学功能。

二、学习动机发展的原则

（一）学习目标先行

关于学习目标先行对学生学习动机的影响，美国心理学家耐特和瑞莫斯曾做过一个实验。通过实验他们发现，如果被试认清学习目标，那么就会产生强烈的学习动机。若学生搞不清楚他们要学做什么，即学习目标不明确，则学习动机和兴趣都处于较低水平。"明确的目标"是指学习目标要完整、系统、具体，而且学习者必须能够理解它的价值和意义。学习者明确了学习目标的价值和意义，学习目标的诱因性将大大增加。研究还表明，让学生及时了解自己的学习结果（即反馈），可以加强其进一步学习的动机。除学习目标先行可以激发学生的学习动机之外，职业教育学习观和教学观研究还表明，教学的目标结构还为学生学习确立了心理结构构建的目标，为学习活动指明了方向。因此，教学的目标结构设计是教学设计的关键环节。

依据研究结果从教育的传递角度出发，我们认为专业的职业技术培训的目标应该以图像的方式呈现出来，以便于让学员清晰明朗地了解他们的学识任务。通过实施基于能力的课程改革（简称 CBE）的方法来实现这一目的已被证实是有效的——这种方法利用可视化的技能表格展示出详细且具体的知识需求，使得所有参与者都能迅速理解并积极投入到这个过程中去；这不仅提高了学习的效率，也提升了个人的主观努力程度，从而进一步增强其效果与影响力

（二）学习兴趣诱发

根据学习的动力学理论的研究结果显示，引起学生的积极参与可以被划归到四种不同的层次：设立主题（setting themes）、激励热情（fueling passion）、引出乐趣（triggering fun）及扩展领域（expanding fields）等环节上。因此教育设计的核心应包括上述这些步骤来满足他们的需求，并提供新的挑战环境以促进他们更深入理解知识内容。首步就是确定合适的课程目的与任务以便吸引学员们的注意力；其次则是利用各种有趣的问题或难题刺激起其探索欲望，从而提升了他的认知能力水平；接着则是在解答问题的过程中逐步深化他对于所涉及领域的认识程度，以此达到拓展视野的目的；最后一步便是让受教者能够持续不断地挖掘潜在的新颖观点，进而推动他们在实践中学会独立自主寻找答案的能力，并且增强自我信心感。

三、职业活动逻辑原则

为了让学生具备所从事职业的思维、行动、语言和情感等特质,以达到职业教育教学活动的目标,职业教育教学设计需要遵循职业活动逻辑原则。

(一)职业活动过程逻辑导向

每个工作任务的执行都必须经历整个的工作流程,所以职业教育的学习计划应充分利用这个工作的步骤特性。在学习的过程中,为让学生了解并掌握工作流程,我们先向他们展示工作流程,接着按照其前后次序展开教学内容。这便是职业学习的流程引导策略。

对于任何一个职业教育专业的教学设计,这个原则都具备指导作用,尤其是针对那些学习机械加工、维护修理等技术专业的学生。他们每天都要面对一些固定的职场环境和流程,因此,职业活动过程可以被视为教学设计的核心内容。

(二)职业活动情景逻辑导向

职业活动不但有过程,又都是在一定职业情景下进行的,有时这些职业情景又随机发生着各种各样的变化,而随着这些变化,从事这些职业活动的人员需要针对已经变化了的职业情景,调整职业活动的先后顺序或增减职业活动。对于具有这种特点的职业活动,在教学设计时,需要设定可能出现的各种职业情景,以先易后难的过程顺序开展教学活动。这就是教学设计的职业活动情景导向原则。

这一准则对所有职业教育领域的专业教学规划都具备引导作用,特别是那些涉及人类互动的专业,例如金融服务、商贸服务、旅行服务等等,因为这些专业的学生每天都可能面临不同的职场环境与流程,因此,职业行为的过程不再被视为教学计划的关键因素。此时,职场的环境状况成了更具影响力的教学元素。其中最具代表性的就是礼仪课,它是一门以场景为导向的课程,这种类型的专业学习应着重于塑造学生的敏锐性和适应力。

（三）职业活动效果逻辑导向

某些行业任务的关键环节并不被看重,而更注重的是其产生的结果。针对这些工作任务,教育方案的设计应先呈现出预期的成果,接着探索多种可能的工作流程与场景,以实现甚至超出初始阶段展现的结果。这便是教育方案中的目标导向策略。此方法适用于那些主要依赖于创意表达的专业领域或是包含艺术元素的其他学科课程。

四、以能力为本位的原则

（一）具备能力形成的条件

学生的职业技能发展需要满足一定的前提。依据职业教育的学理对技能发展的界定,其主要包含了知识、技巧与心态三个方面,而对于全面技能的发展来说,则必须先拥有相关的单一技能。因此,在课程规划过程中,我们应该警惕可能出现的技能发展要素的不完整情况,防止由于这些因素的不完备导致技能无法正常发育。

（二）遵循能力形成的过程

对于职业学校的学员来说,他们的技能发展是一个涉及多步骤、各有特色且相对繁复的过程。因此,在课程规划中,我们需要关注并尊重这些阶段和特性,以确保教学思维流程得以执行。为了防止由于某个关键阶段被遗漏导致学生技能无法正常发展,进而降低教学效果,必须重视这个过程。

五、职业教育传播的原则

教学设计作为一个全面规划的教育系统过程,必须遵循教育传播的普遍法则。现阶段,教育传播理论研究普遍认为,教育传播有以下基本原则是教学设计必须要遵守的:

（一）共同经验原理

根据教育技术的观点来看，学习的进程中存在着三类知识构造的形式：一是被教授的内容构成；二是信息的展示和传输模式；三是学生的学习理解构架（又称作认识模型）。因此，教师及课程创作者的主要职责便是让这三者保持和谐一致，重点在于优化信息展示和传播的方式，以达到最佳的教育成果。由此可推导出以下几项关于教学创作（制作）的基本原则：

1. 按照学科和内容的排列顺序原则，科学地设计课程时，应确保先期学科与后继学科、各个内容间的逻辑关系以及准备经验和信息技术相互之间的有机联络都遵循一致检验的准则。

2. 概念的术语化、符号规范化和一致性原则是必不可少的。一个概念包含三个关键元素：科学定义、边界概念的术语以及用于表达这些概念和术语的符号。这三者的一致性，构成了进行学习和交流的基础和关键条件。

3. 媒体协助原则。学习者无法直接从每件事中获得知识，但我们可以采用各种媒介进行教育，以提升教学成果和效率。关键的一点是在选择和设计教学媒介时必须充分考虑到学生的经验。

（二）抽象层次原理

教育技术学认为，在学习过程中抽象是人类通过对事物的比较、分析、综合和概括等活动得出一类事物的共同性的本质特征，并用概念、范畴、规律等形式固定下来的过程。抽象有不同的层次，一般来讲，可分为三个层次：第一层次为从个别事物中抽出的特征；第二层次为从一类事物中抽出的共同特征；第三层次为从几类事物中抽出的共同特征。抽象层次原理主要应体现在教学设计的以下几个方面：

1. 所有用于教学的语言、术语和图像等信息表示符号，都应在学生可理解的各个抽象层次上使用，并将具体性与抽象性融为一体。

2. 教育资料的设计遵循了逐渐推进的原则。教育的素材需要考虑学生已有的基础知识和技巧，即每一科目的设立都需在前置科目中做好铺垫并与后继科目紧密联系。各个学科组成的整体知识体系应具备严谨的系统性和逻辑性。对那些包含多门学科的综合类课程来说，同样也需要按照同样的层级来设计教材，并且要在前期引入相应的先导概念和技术，以保证学习过程能够有序地展开且不断深化。

3.适当利用感知性和逻辑性的总结方法。唯有透过教育过程中的归纳法，方能让学生理解事物的核心内涵。通常情况下，我们使用两大基础的汇总方式：感知性汇总和逻辑性汇总。感知性汇总是一种直接的汇总，它依赖于感觉资料的解析、整合、对比、提炼等多种信息处理手段，以形成一种特定类型对象的外表特性。在教学过程中，感知性汇总常用于描绘现象方面。而在感知性汇总的基础之上，我们可以借助多种信息处理手法如解析、整合、对比、提炼等方式来深入挖掘某种类别的事物共有的根本特质及其内部关联。值得注意的是，感知性汇总并不会自动转化为逻辑性汇总，而是需经由学习者的主动科学思考才可实现这一转换，最终达成对于事物实质的完美认知。

（三）重复作用原理

根据教育技术的观点，反复运用指的是在一个学习的历程中对某个观念多次地展示于各种环境或者采取多种形式。比如，同一词汇可能被用于多个场景；通过语音、图形和文本来表达相同的理念；对于同一种观念，可以在不同的理论层级下，从各个视角加以解释，以便进一步深入理解。

通常情况下，理解某个物体或学到某种知识并熟练运用某项技巧并非一次就能成功，而是需要经过多次的学习和认知的过程。这包括了从多个视角和理论层面深入了解它，同时也要随着时间的推移不断加深对它的理解。根据语言学习的实践证明，要让一个人牢固记住一个外文词汇，至少得让他在各种环境下复习8遍以上。而"重复"的作用也包含着以多样化方式展示同一概念，例如使用文字、语音及图形等形式来阐述同个主题，这样能让人们更深入地记取信息，从而形成长期且稳定的记忆。

对一门课程的学习也是如此。螺旋式上升的课程体系、课程设置，都是符合重复作用原理的。这里是指有意义重复，而不是简单重复。在技能性课程中，重复作用体现得尤其明显。如操作性技能的获得需要重复训练，一个优秀运动员的任何一个动作都是经过成千上万次的重复训练才练习成功的。根据重复作用原理得到的教学编写（制）的原则是：

1."预设"的重要性体现于其反复应用的原则。对于重要的理论阐述，我们应该在前述理论被提及之前，适当地设置一些"预设"，以便当该理论真正呈现的时候不会让人感觉突兀。通过提前与相关主题相结合的方式为读者提供了一个初步理解的基础，这使得他们在听到完整的解释时不至于觉得难以理解。比如，"无定型构造"是个新的术语，我们可以提到在特定环境中可能产生"部分结晶构造"，从而也产生了"无定型构造"这个词。这种方式就是利用了前面所做的"预设"来强调和强化后来的"无定型构造"这个词汇。

2."在不同场合出现"的重复作用原则。最明显的例子是同一个汉语单词或外语单词，在它的不同用法的场合重复出现，既能增强记忆，又能加深理解。对一个概念的讲述也是如此。通过一个概念与其他各相关概念的联系，可从不同的角度去认识，从而可达到对一个概念全面、深刻的理解。练习题是对正文内容以问题形式的一种重复，不同角度练习，是不同问题情境的一种重复，等等。

3."通过多种途径展示"的原则是指，使用各种手段和方法向学生展示同一主题，例如结合文本标识、图形或者音频等形式，这样可以提高学生的理解力和对内容的深刻印象。这种多样的展现方式在课堂上被频繁应用于教师与学生互动的过程中，它所产生的积极教育成果已经得到了普遍认可。

4."在不同理论层次"重复作用原则。这是"在不同场合出现"原则的推广，是说同一个概念可从深浅不同的理论层次上去阐述，或从不同的理论角度（如在不同的课程中阐述同一个概念）去阐述。这一般取决于阐述中所用相关知识的理论深度，如对一个概念的定性描述、定量描述，用初等数学工具描述或用高等数学工具描述需视情况而定。一般地讲，通过多种描述会得到更加深刻的理解。

5. "根据不同教育阶段的理论原则"是关于如何有效引导学生完全吸收知识的方法。我们需要以严谨且有序的方式构建知识运用框架，并在教授的基础之上，利用严谨且有条理的学习活动及实际操作步骤来实现对知识的记忆、领悟、使用和熟练掌握的目标。这便是各个教育阶段中的反复效应。

（四）最小代价园林

遵循最低成本原则意味着以最小的文本量、言语表达方式、时间投入和资源消耗来达成教育目标。各种媒介都有其独特的教导特性，一般来说不能相互替代，而是需要互补配合。例如，通过老师的引导和学生的主动参与，结合一起实现教育的目的后，可以决定（尤其在一个课程中）选择何种媒介的使用，力求达到最好的教学成果并保持经济效益。通常情况下，如果能利用现有（商业化）的媒介，就没有必要去开发新媒介。相反的情况也是如此。

（五）信息来源原理

依据教育技术的观点，当某人具有较高的声望与可信度时，他们的言论更容易为大众所接纳。例如，知名学者、教师等人的课程、著作及开发的教育工具往往更易受到人们的认可。基于此理论，我们在制作教材的过程中应挑选那些具备高学术素养且拥有丰富的教学实践经历，并且致力于教学建设的人员撰写的书籍或者开发的教育软件作为参考；同样地，对于审核过程也应该遵循这个原则，以确保教育的品质，这就是教学的权威特性。

（六）知觉组织原理

"知觉组织原则"指的是学习的起源在于对信息的认知，这是大脑通过把接收到的感觉信息整合成有序的形式来实现的。所以，教育需要遵循这个"组织化原则"以便更好地被理解和接受。一种基础性的组织策略是从环境中识别出要学的内容（例如使用黑色字体、画线的符号或者划分区域等方式）。教育的排版设计或是布局的目标就是强调关键的部分。就内容内部的关系而言，教育应该具备逻辑性和系统的结构，并注重运用感觉规律去安排教学内容。比如经常出现的分区法则、刺激强度的依赖关系、类似物之间的关联、临近及回忆相近的原则、差别和节奏的规则等等。这些都旨在提升教导的"组织化"程度。

在教育设计过程中，知觉组织原理首先涉及信息展示所需的符号选取和搭配。对于文字形式的教学来说，这一般包括文字符号、图像字符以及颜色的挑选和搭配；同时，声音、颜色和动态显示等元素也会被考虑进去。

教学设计中应用知觉组织原理的几个主要准则可以总结如下：

1. 利用各类标记技巧将核心信息与背景（或其他信息）区别开来，以激发和提升注意力和感知能力。

2. 所采用的信息标识技巧和信息展示方式必须符合学习者的特性，也就是他们的文化程度、年龄特征以及经验范围，否则将无法增强感知效果。

3. 所采用的信息标记方式和信息展示形式必须与教学主题和其特性相匹配。

4. 教学方式的选择必须明确使用的基本符号类别，并配合其他种类的符号。所有符号的应用都需要确保信息展示的科学性、标准性和一致性。

5. 教学内容的编排应当有逻辑和系统，层次分明，条理清晰，这样才能帮助我们感知、记忆和理解。

第四节　教学目标的确立

通常，教师会先对学生的学识需要进行研究和理解，然后在此基础上设定相应的教导目标。

一、教学目标确立的依据

职业教育目的是由国家依据国家的教育方针决定的。职业教育的培养目标是由国家教育行政主管部门组织职业教育和行业企业专家，在国家教育方针指导下，以教育目的为前提确定的。专业教学目标又由学校组织教学和行业专家，在职业教育培养目标的基础上确定。而课程教学目标则是以实现专业教学目标为前提，以专业培养方案为依据，由相关教研室编制。单元教学目标和课时教学目标又是按照课程教学目标的要求，由任课教师编制，经教研室审定。可见教育目的、培养目标、专业教学目标、课程教学目标、单元教学目标、课时教学目标等都存在着密切地联系，并构成了一个完整的教育教学目标体系。因此，在教学目标的确立过程中，必须将以培养目标、课程目标等为教学目标确立的依据，把各个教学目标放在整个教育教学目标体系中来衡量它的地位和作用。

二、教学目标确立的步骤

确定职业教育的目标，主要包括设立专门的、明确课题的目标、建立单位的目标、设置时间的目标以及确认环节的这五个步骤。

（一）专业教学目标的确立

各专业的教学目标是建立在相应的专业培养方案基础之上的，而运用现代课程理论方法开发的专业培养方案，为专业教学目标的确立提供了明确的目标和内容。所以，确立专业教学目标首先要深入分析专业培养方案，尤其要把握住专业培养目标，然后依据专业培养目标，找出学生存在的差距，确定教学任务，构成专业教学目标。

（二）课程教学目标的确立

实现专业教学目标需要依赖于各课程的教学目标。因此，通过科学地划分专业教学目标来确定课程教学目标是必不可少的。

（三）单元教学目标的确立

通常，教学活动是以单元的形式进行。因此，我们需要制定出单元教学目标。职业教育中的单元教学目标是根据课程的教学目标来设立的，并用专业技能和专业特性进行描述。

（四）课时教学目标的确立

确定课时教学目标的过程始于已经设立的单元教学目标（也被称为母目标），这是为了实现单元教学目标。学习者需要具备相应的职业技能和特质（我们称之为子目标）。

（五）环节教学目标的确立

为达成课程授课目的，我们需依据工作能力与特性发展流程来设计多项教导步骤。每一个教育阶段都必须明确其具体的教育目标，这对制定有效的教学计划至关重要。通常来说，这些阶段的目标涵盖了知识理解程度、技巧掌握情况及心态转变状况，并以这三者的结合构成了个人的工作能力和最终塑造出个人的职业特征。各阶段的教育目标都是基于课程授课目标准备的。

第五节　学习者分析

对于学习者的研究需要挖掘他们的个人历史、学习特点、掌握的知识和技巧以及他们的心态，以便理解他们在学习的适应性和偏好上所处的位置，从而为学习任务的设计和教学方法的选择奠定基石。然而，中国的基本教育并未涵盖职业领域，当学生步入职业学校时，其职业学习准备往往不够充分；而从基础教育的培养方式来看，学生的学习习惯与职业教育期望的学习模式存在着显著差异。所以，在职业学校的教导过程中，对学习者做全面且深度的研究变得尤为关键。

一、学习者分析的内容

分析学习者的领域涵盖了对学习者基本特征、学习方式和初始能力的研究等。

（一）学习准备

学习预备是指学生在进行新的学习时，对身体、精神、职业、社会以及知识、技能和态度等方面所做的准备。分析学习者的学习预备涵盖两个主要部分：一般特征和初始能力。

1. 一般特征

学习者的一般特征是指对学习者从事学习产生影响的心理、生理、职业和社会的特点，包括学生的年龄、性别、年级水平、认知类型、认知成熟度、学习动机、学习方式与方法、生活与职业经验、经济、文化、社会背景等因素。它们与具体专业内容虽无直接联系，但影响教学设计者对学习内容的选择和组织、影响教学方法、教学媒体和教学组织形式的选择与运用。

2. 初始能力

学生的初始能力是他们在接触某个特定的学科主题前已有的基础能力和对于该领域的理解与看法。这种观点包含的是一种影响个体决定如何行动以应对特定事物的有序内在心态。而关于初始能力的研究涵盖以下几个方面：首先是对潜在能力的评估，这涉及确定学生是否有足够的身体、精神、职场及社会知识和技巧来支持他们的新学需求；其次是对预期能力的评价，也就是在新开始学习前，我们需要去了解学生对即将学习的领域已有何种程度的认知和理解；最后则是针对学习态度的研究，比如我们要知道学生对未来可能的学习课题感兴趣吗？他们对这个专业的看法是什么样的？他们是否有克服困难的决心等等都属于学习态度的考察范围。

（二）学习风格

对学者的学习方式的研究可分为五大部分：其一为认识层面；其次是情绪层面的研究；第三个部分涉及行动模式；第四点关注的是生物性的偏好；最后一部分则是对社交行为的探讨。总而言之，学者在学校阶段所培养出的学习习惯和态度，无论是在认知、感情、动作、生物性和社交这五个领域都无法满足职业教育的特定需求。

二、学习者分析的方法

（一）分析一般特征的方法

主要的方法来掌握学习者的基本特性包括进行科研、通过观察和访问、态度研究，并且检索他们的人事或学术档案等。这些手段通常是综合运用，并根据各种情况灵活处理。

（二）分析初始能力的方法

通常情况下，我们会在评估学生的基本素质的时候把他们的能力和价值观一起考虑进去。我们可以采取"general understanding"的方式来实现这个目的；或者说，"general understanding"和"prediction"这两种方式是可以相互配合使用的。所谓的"general understanding"，就是指在新课程开讲前利用对过去所学的理解程度去推断他们对于未来学习的准备状况及预期结果的过程。而"prediction"则是一种基于此基础之上设计特定的试题以测量他们在基础知识、技巧及其价值观念上的表现形式一种手段。相较于一般的认知过程来说，它的优势在于其更为精确且更具科学依据。

（三）分析学习风格的方法

"学习风格测定表"通常被用于评估学生的学习方式。这其实是一个包含一系列观点的问题集，比如，我更倾向于独自学习、我偏好在下午完成任务、我热衷于实践式学习、环境宁静对我来说是最佳的学习状态、我更容易记住听到的信息等。问题集中需要学生依据自身的学习经历，针对每个问题的看法给出合适的回应,比如说,他们可以在前面的描述下标记出"符合个人实际情况"或者"不符合个人实际情况"。

(四)学习者特征综合分析

为了深入理解学习者的特性,并引导进行更深层次的教育设计,我们需要对学习者的基本属性、初级技能和学习方式进行全面评估。一般来说,学习者特性的综合评估可以通过学习者特性综合评估表来实现。

第六节　学习任务分析

学习任务分析是对学生从初始能力(教学之前具有的相关知识、技能和态度)转化成教学目标所规定的能力所需要学习的所有从属先决知识、技能和态度以及各项先决知识、技能和态度之间的纵向和横向关系进行详细剖析的过程。其核心内容是为了实现总的教学目学生必须完成哪些学习任务。

一、学习任务分析的范围

鉴于职业教育的学习目标包含了多维度的内容,如知识、技巧、心态、职业素质及职业特性等,因此其学习的范畴也相应地涵盖了这几个方面。

二、学习任务分析的步骤

学习的任务解析是从学生的学识成果出发,再回到其起始阶段,这是一种反向的研究流程。也就是说,它自定义定的总体教育目的作为研究的开端,接着不断追问"为了达到这个层次的要求,学生必须具备哪些基础技能?"等问题,逐一解答,直到找到学生最初的基础知识为止。

（一）学习内容的确定

教育目的在于培养学生的职业素养及特定技能，这主要体现在他们需要掌握的工作相关知识、技巧以及心态上。而对于那些具备优秀职业素质的人来说，他们的思考方式、行动习惯、言语表达以及情绪反应等方面都是非常重要的。因此，依据这些内容来设定课程的目标，也就是明确哪些应该被涵盖到教学过程中，同时也要排除掉一些不需要的内容。

（二）先决条件的分析

首要因素评估即对每个阶段和环节构成职业能力的构建过程中设定为最终目的，并详细阐述了学生需具备何种附属的前置知识、技巧、心态、单一或者多样的才能以达到这一目标。若学生尚未满足此前置要求，则他们被视为潜在的目标，这可能会导致新的前置需求出现。以此类推，逐步深入研究，附属的前置要素变得愈发简化，直至其变为了学生已知晓的知识点、技术或心态，从而确定了教育的基础点，同时这些前置元素也组成了学习的主题内容。

（三）学习内容的组织

为使学生能掌握职业技巧和特性，通常需按照职业活动流程、能力的心理发展路径及学习欲望的变化规律对职业教育的课程内容进行安排。所以，职业学习的教学方式往往是基于任务导向的方式展开。借助执行即将面临的工作任务，可以学到相关知识，锻炼所需技能，培养正确的观念，并塑造出职业能力和职业特征。

三、学习任务分析的评价

确定并分配好学习项目后，我们应对其初始评估，以便确认其是否有助于达成总体教育目的。此项初级评判活动应当涵盖以下几个层面：所挑选的学习任务是否能够满足达到教学目标的需求；学习的任务组织方式是否与职业行动的逻辑次序、技能生成的心理次序及学习动力的发展心理次序相符；所选定的任务自身及其结构设计是否适应学生的心理成长阶段和心理建构模式；所选取的学习任务是否紧密联系社会生活、职场实践和个人日常经验等方面。

第七节　教学策略的制定

实施教导的方法是对于实现特定的学习目的所使用的教学时长、流程、结构、环境、技巧及媒介等多方面的综合思考。所以，设计教学方案时需要基于学习目标来展开，并在系统的知识体系、学习的原理、教育的传输理念以及教学的原则中寻找指引，同时根据学习的内容和学生的特性，在时间的分配、步骤的设计、组织的构建、场景的选择、手段的使用以及媒介的运用等方面做出合理的规划。

一、教学时间的确定

心理学视角下，时间的存在对于学生的学程至关紧要；而以教育的观点来看待问题时，我们发现它是一个关键的教育元素。所有教导行为都是在特定时间内发生的，所以时间和它的变化直接关系到整个课程活动的进展情况——通过调整或优化这个变量可以有效地调节与塑造课堂进程。由此可见，理解及分析授课时长的重要性不容忽视，并且如何依据实际需求对其做出合适的安排也是教师们必须考虑的问题之一。

（一）依据教学的任务确定教学时间

整个教学过程中应该有较为均等的教学任务分配。在每一节或每一单元，通常不会有超过两个能力目标，而基本概念也不会超过三个。这是由人们对学习的管理技巧决定的。

(二)依据学习者特征确定教学时间

教学时间的长短受到学习者的生理、心理和社会特性,他们的初级技能以及他们的学习方式的不同影响。因此,学习者的特性也是分配教学时间的另一个重要参考。

(三)依据学习的规律确定教学时间

首要的是,研究发现学习的进程包括知识吸收、品质塑造、技巧发展及转移、融合与归纳等方面都存在着固有的模式,尤其是每一步所需的时间各异。因而,在设计教育活动的日程表时,我们需尊重并适应学生的理解过程,以达到理想的效果。其次,不同阶段的学习结果都有其有效期,例如,一旦学到的知识没有立即转化为实践或运用,它很快会被忘记。故此,为了使所学的知识能融入我们的已有认识体系并且得以长期保存,我们务必重视即时的转换和使用。同样的情况也适用于其他的学科领域。最后,依据美国的布卢姆教授提出的"掌握学习"理念,对于学生学习成果的实时评估和修正至关重要,这是由于错误的观念往往会引发负面影响。因此,我们在制定教学计划的时候,应该尽可能在负面效应出现前改正这些误解。

(四)依据教学的资源确定教学时间

除了教学目标和学习规律,教师、教学手段、教学设备和设施也是决定教学时间分配的关键因素。因此,在确定教学时间的过程中,我们通常会假设:有合格的教师队伍、适当的教学策略以及一般学校所拥有的教学设施和设备。

二、教学程序的设计

教学程序设计在职业教育中涵盖了专业教学流程、课程教学流程以及单节教学流程。

(一)专业教学流程设计

专业教育的整个过程从学员接受专业培训起步,直到他们顺利完成学习。这个教育流程可以被划分为：确立专业发展目标，对未来职业生涯进行预测；执行专业学习并实施各种教学活动；最后通过毕业考核，顺利地找到工作。

然而，设定专业的训练目的对学生的学科研究至关重要，但是现如今大多数人并未对此问题给予足够的重视，即便有所关注，他们往往仅是在专业课中概括性地阐述了一下专业培训的目标，这种做法其实并不足够。奥苏泊尔曾经提倡预设前提理论，事实上，我们同样需要提前确定目标并使其清晰明了。无论是否为加涅或耐特所言，这一观点都被广泛讨论。加涅提出了教学活动中的九大要素：首先吸引注意力、告知学生目标、激活之前学过的知识、展示相关资料、提供学习指南、引导学生行动、给出反馈、评估表现、推动记忆与迁移。山也将学习目标置于教学之始，预测未来职业道路，这对学生理解自己的职业生活前景，激发他们的求知欲望是非常必要的。这是关于学习动力发展的关键步骤，既是设立成因的过程也是激励的方式。

（二）课程教学流程设计

教学过程包含从学生开始接触本课程到通过本课程考试的全部阶段。这个教学流程设计可以被划分为确定课程学习目标、进行教学以及评估学习成果三个环节。

在确定课程学习目标的过程中，我们不仅要清晰地阐述这些目标，还需要明确这些目标在整个专业教育计划中的位置和影响。

（三）单节教学流程设计

这个"单节"并非仅指单一课程时间，它可能涵盖了两到多节课的时间段。这类课堂的教育规划应首要遵从职业活动的逻辑次序，并充分利用能力和学习动力的发展心理学特性，塑造出符合特定职业需求的人员所需的思考特征及提升教育效率。针对单节授课的教导过程，其步骤安排能够依据实际需求被设定为多种形式：

1. 职业活动过程导向的教学程序设计

假如职业活动流程是预先设定好的，那么从一开始就确定职业活动流程，然后逐步进行教学，使得教学过程与职业活动流程相吻合，可以提升职业教育的教学效果。

教育流程以职业活动的全过程为指导，分为四个步骤：首先是明确学生的学习目标，这包含了具体的内容、标准和功能；其次是对职业活动的主要环节及其各自的功能与需求进行阐述，并解释它们之间的关联；接着按照这些环节在职业活动中出现的次序来进行学习，如果某个环节的学习目前并不适合，则可以在稍后的时间进行；最终会对职业活动的成果进行评估，并对学习目标的达成程度进行评估。

2. 教学程序设计的职业活动情景导向

假如工作流程无法预知，各个阶段可能会呈现多种情况，那么教育初始时应明晰潜在的工作场景，接着由简至繁依次探讨各种情况下适当的行为方式，使之符合职场活动的实际情况，以此提升职业培训的教育效果。

教育过程中的职业场景引导主要分为四步：首先是明确学生的学习目标，这包含了具体的内容、标准和功能；其次是对可能出现的工作环境做出介绍；然后针对每个工作场景制定学习计划，并根据其对职业行为的标准和规则进行评估，以确保职业活动顺利且任务达成的质量；最后对职业成果进行评估，并对学习目标的实现状况进行评价。

3. 职业活动效果导向的教学程序设计

在没有预先设定职业活动的步骤和场景的情况下，如果我们希望达到某种目标，那么在教学过程中应该首先展示出职业活动所要实现的效果，然后进行讨论并提出可能的解决方案，最终实施这些方案。这样做能够有效地激发学生的创新思维。

教学过程以职业活动效果为导向，分为以下步骤：首先，向学生阐述学习目标（包含具体的内容、准则和功能）；其次，展示职业活动的成效；接着是探讨可能的解决方案；最后，对职业活动的成效进行评估，并对实现学习目标的情况进行评估。

三、教学组织的确定

（一）依据教学的目标和内容确定

首要的是，教育安排是根据课程目的来制定并以其为基础的设计出来的。为了达到特定的教导目的及主题需要相应的授课方式配合。例如对于学生的全面技能发展（德语中称为核心技巧或英国体系中的通识知识），就需采取小组式的学习方法并且借助课题研究的形式实施课堂管理策略。

（二）依据学生的兴趣及学习需要确定

尽管有着相同的教育主题与授课时长，但不同的教育方式会带来截然不同的教学成果，有时候差异显著。其关键在于能否激起学生的热情并使他们全情投入于学习中，同时确保他们的需求得到充分满足。因此，职业教育的课程设计必须符合职业学校的学生对知识的需求及喜好。

（三）依据学习的规律与学习风格确定

学者的理解历程是逐步深入的，他们先是从直观认知开始，然后逐渐过渡至理论层面，接着对事物有更深刻的理解，并能处理更为繁复的问题，最后达到深度探索的目标。他们的知识积累需经历吸收、转变及稳固这三个步骤后，才能够实现其转移或运用功能，也就是要历经掌握、移动、归纳和融合的过程。对于技巧的学习而言，它须通过预设目标、仿效行为、整合动作和精通四个环节来达成。而关于心态的教育，则要求遵循规则、接受观念、内心消化以达标。同样地，学者们的职业能力及其特性也需经由整合和消化的流程方能成形。此外，由于职业学院的学生具备较强的图像思考力和实践性的学习方式，这也使得他们在教育过程中展现出独特的特征，比如技术培训课程设置、任务驱动的课堂设计、项目导向的授课模式以及工作场所的实习安排等等。

（四）依据职业活动过程与情景确定

各个行业的工作过程和环境各有特色，因此在教育安排的制定过程中需要遵守职业活动的统一性准则。虽然"统一"并不意味着完全一样，但教育的目标并非等同于实际工作中所做的事情，而其课程设置也不应该直接复制或模仿职业活动的结构。教育机构是基于职业活动的框架之上，根据各种教学理念的要求，对其进行了提升和优化。

四、教学情境的设计

通常情况下，我们通过以下四个途径来构建教学场景：故事化的职业环境、活动的职业环境、生活的职业环境以及问题的职业环境。然而，针对职业培训来说，以职业活动为基础的场景设置是最关键的方式。依据职业教育的特性，为了达到职业教育的目的，我们可以采用三种类型的教学场景，即基于流程的教育场景、基于情景的教育场景以及基于结果的教育场景。

（一）过程导向的教学情境

针对技术人才的职业活动特性，我们将其过程设定为固定模式，并以产品达到设计要求的各项指标作为职业活动的价值。我们的教学目标是培养学生的操作规范和标准。在设计教学情境时，应根据职业活动的流程进行，突出主要的职业活动过程。

（二）情境导向的教学情境

根据服务类型的人才工作特征，他们的职业过程并不稳定，他们寻求的是让客户感到满足并且能带来意外喜悦的服务体验，这是其工作的核心价值观。因此，教育应该着重于训练学生如何理解和服务对象的需求预期，以提高服务的质量。教师需要依据实际的工作场景来制定课程内容，强调各种不同类型的职业场景及其分类的重要性。

（三）效果导向的教学情境

鉴于艺术领域技术人员工作性质的需求，他们的任务流程并不稳定，也不受职场环境的变化所影响，他们致力于让参与者体验到美妙的艺术感受作为工作的核心价值观，主要关注的是如何教育和引导学生理解并掌握公众的情绪、文化和审美的需求及喜好。教师需要根据不同类型的艺术表现来构建课堂氛围，强调对各式艺术成果的拆解与整合。

在设计教学情境时，我们还需要考虑五个重点：全面性的情境作用、持续发展的情境作用、真实可信赖的情境以及易于接受的情境。

五、教学方法的选用

（一）教学方法的选择

1. 依据教学目标与内容选择

职业教育教学目标不同，就需要有与该目标相适应的教学方法。为培养学生规范熟练的操作技能，应当首选四阶段教学法；为培养学生的心智技能，则要选心智图法；为培养学生的综合职业能力，项目教学法是最有效的方法；为培养技术类专业、服务类专业和艺术类专业学生不同的职业特质，需要分别选择促其特质形成过程导向、情景导向和效果导向的行动教学法。

由于学习内容的差异，学生的认知历程也会有所区别。教育材料对于教导方式的挑选具有决定性的影响，例如，涉及法律法规、医学护理、行政管理或市场推广的内容通常采用案例研究的方式来提高学生处理问题的能力；而关于机械装置使用、角色演练等方面则更适合运用模拟教学法（包含器械仿真与场景模拟）及角色扮演策略。

2. 依据学生的准备状态选择

"准备状态"这个理念是由认识论学者们提出的，它描述了当个体开始新一轮的学习过程时的现有理解程度与心智成长阶段的匹配度。这意味着教育者需深度洞察学生的"准备状态"，以此为基础开展教导行为以确保教育的有效实施。同样的道理适用于老师对于授课方式选取的过程：他们应基于学员的状态来做出决策，并考虑其接纳能力和适用性的因素；同时务必符合他们的基本情况和个人特质（例如情感需求、个性和喜好倾向）等等。依据每个孩子的个人特性及思考模式，挑选出能够推动孩子智慧增长、品质提升且技巧进步的教育手段是至关重要的。

依据学子的心智特性挑选教育策略。研究显示，不仅各年段的学习者的心智特质有别，且同一段时期内，其心智特点亦有所变化，这意味着老师在选取教导方式的时候需要考虑到学子心智成长程度的这些差别。首要的是关注到各个年纪段学习者的心理发展的差距。例如初级职业学校生的图像思考更为活泼，但抽象思索稍逊一筹；相反地，高级职业学校的生们，他们抽象思考的发展迅速，专注力较为稳固。因此，为了达到某个具体的教学目的，针对初学者和高级学员应该采取不一样的教学手段。对于初级学生而言，教师使用一些具象化的教学技巧会更适宜（示范、视觉与声音结合、实地考察），然而对于高等学生来说，教师可能更多依赖于讲解、自我引导等方式。此外，也要注意到同一个年龄层内的学生个性的心理特质上的区别。同样的一年级或者班里，学生之间的个性化差异明显，有些学生擅长图形思考，他们在学习过程中能够充分发挥这个优势，另一些人却能在抽象思考上表现出色，并且已经拥有强大的抽象思考的能力。所以，教师在授课的过程中，必须考虑到学生这类个性心理发展程度的差异，以寻找最合适的教学方式。

基于学生当前掌握的知识体系或是理解框架去选择教学策略。不仅他们的心理特质各异，且他们在知识储备和认知架构上的差异同样显著，这直接关系到教育策略的选择。比如，针对那些没有足够实际经验或者了解不足的学生，需要借助实物展示来深化其理解。又如，学生正处在学习新知的初级阶段时，使用情景式教学更为适合；而到了掌握和巩固知识的关键时期，为了确保从描述型转变为流程型的知识，利用练习法和回顾法是较为合适的选择；若学生已进入应用和转移知识的高级阶段，为了促进知识的流动性和活用能力，实践法则是一个更优选取。

3. 依据教师与教学条件选择

尽管教育科技进步及应用并未削弱教员的重要性或角色，反而对其提出新的更高标准。然而，有效的教学方式需以满足教育目标为准则，并需要透过教员这个媒介来实施。我们在实际的教育过程中观察到，教员的素质如其学识、技能、性格等方面都影响着他们如何使用教学策略。唯有能够让教员理解和操作的方式，才有可能达到理想的效果；否则，即使是优秀的教学技巧也无法带来积极的影响。此外，教员的个性和特征也会限制他们的教学方法选择。例如，年轻人通常比老年人更加热情活跃，这导致他们在教学方式上的差异。同时，学校的设施资源和可用的时间长度也将影响教员对于教学策略的选择。若具备足够的电子设备和优质的多媒体展示环境，那么教员可以利用这些工具提升课堂的直接性。而如果没有足够的基础设施，教员可能只得依赖于实体物品、模型、挂图等方式进行示范。最后，地理位置因素也在很大程度上左右了教员关于教学策略的选择。比如，当校园周边有丰富的工业区时，教员可以选择带领学生去现场学习，从而深化对理论概念的认识。

总而言之，挑选教育策略的关键在于以最低成本实现最大的、最好的预设学习成果。就职业教育来说，哪种教育方式才是最佳的选择？通常来看，最优的教育手段应该符合以下几个标准：接受程度、互动性、全面性、及时性和美学价值。这种最优的方式能让学生从心理上和理性上都得到理解；让老师和学生能够积极投入到教学过程中；它是教师通过整合各种教学技巧而创造出的结果；它实现了高效益和高质量的效果平衡；最后，最优的教育方式也应该是学生的美的体验。

(二) 教学方法的运用

在职业教育的实施过程中，教学手段不仅分类明确，而且每一种常见的教学方式都有其特定的适用环境。作为教师，首要任务是理解各种教学方法所处的环境，防止在教学资源和时间上产生无谓的浪费，同时也需要注意综合和灵活运用。

1. 综合性

教育过程中，无论是教员的专业素质还是学员的身体与心理成长，都需要全面考虑。同时，每个授课方式都有其限制，因此我们需要灵活应用多种教学策略以达到最优的教育成果。比如，讲解、对话及提问等方式可以有效促进学识理解和抽象思考能力提升，然而它们对于实践技能的学习却可能产生负面影响；而实地考察、示范展示等直接学习手段则能提供生动的视觉体验，但是过度依赖可能会阻碍学生抽象思考和逻辑推理的能力；至于实验、训练和实操等动手型教学方式，虽然能够强化理论知识并提高实践技能，但也存在只用单一方式的风险，这会妨碍系统的深入学习。各类教学模式各自具有优势和劣势，唯有整合利用所有教学手法，才有可能消除它们的不足之处从而实现最好的教育结果。

2.灵活性

"教育之道千变万化，关键在于掌握其精髓"，教育的实施过程中充满了变动因素，尽管教师会依据课程目标、学生需求等条件预先制定出特定的教学流程或者策略，但在实践环节里却有可能出现许多未知的转变。这就需要教师在选择与运用教法时保持敏锐且富有创意，始终能准确捕捉到各类技巧的使用时机。针对课堂上突发的特定情况，教师应善于顺势引导并灵动创新地选用新的教学方式，从而实现意外的教育成果。

六、教学媒体的选择

（一）教学媒体的选择依据

教学工具拥有稳定、传播、重复、组合、实用、附属和主动七个特性。在当代的教育环境下，它们将变得越来越关键。选择教学工具主要基于两个因素：

1.教学媒体选择的心理学依据

主要的心理活动与教学媒体设计有着紧密的关系，包括：注意力、感知、记忆以及概念的形成。

（1）注意

观察力具有五个属性：挑选能力，我们仅能聚焦在一个微小的环境元素上，而清晰可见的部分仅限于视线范围内的核心区域；创新性，新的刺激更容易吸引注意力；简明性，简单化的展示更便于专注，因此，画面的设计应该尽可能地去除冗杂的环境和无用的细部；适当性，难度适宜的刺激最有可能引发关注；期待感，学习者预期的存在会对注意力产生显著的影响。

（2）知觉

三个与认知和教育媒介设计紧密相连的特点如下：首先是整合性，这意味着学生不会将物体视为独立部分，而是将其视作一个完整的且具有含义的总体；其次是相对性，即我们无法使用绝对标准去评估感官体验，只有通过相互比较才能确定（例如，对于距离的理解是以相对方式存在的，大小也是如此，同样地，关于移动性的认识也基于此，至于明暗度亦然）最后就是对比性，如果两个事物之间的特性很难辨别的话，那么就应该让它们一起展示出来，并且在图像中利用不同的色彩、字形或者标志突出其差异之处，又或者是扩大那些微妙的区别。

（3）记忆

与记忆相关的两个重要属性包括：组块性和有限性。通过将需要展示的信息进行适当的组合，能够降低学习的压力并且提升记忆的效果。这种方法可以通过空间划分、时间划定或者依据相关概念进行语义归类来实现。另一方面，人的短期记忆容量的限制为 7 ± 2 个组块，因此具有一定的局限性。然而，如果我们能以不同的方式组织相同的知识信息，就有可能扩大这一短暂记忆的容量。

（4）概念形成

高级思维活动如概念构建涉及对名词、定义、特性、实际案例（也被称为正面例子）及负面案例（又称为反面例子）等方面的理解。其四个基本原则为：以具体事例作为基础而不是依赖于定义，也就是按照先有具体的例子再确定相应的属性和命名规则的过程；利用正面和负面的经历来全面准确地把握概念；选择那些接近正例的反例，这有助于提升学生识别能力并获取清晰明确的概念;通过创建属性表格的方式可以更为简洁且易懂地阐释概念,相比单纯的文本描述,这种方式能更好地展示信息。

2.教学媒体的选择其他依据

教育工具的选取不仅要基于心理学的考量,还需要综合其他要素来决定。这包括以下五点:学习目标(具体的学习需求),为了满足各类学习目标,需采用相应的教导方式传递知识;课程主题,由于各个科目的特质差异,使用的教育方法也会有所变化;学生群体,学生的年纪会影响他们理解事物的能力,因此在选择教育手段时须考虑到他们的年幼特点;设施与环境状况,选择的教育工具有赖于实际的设备情况、社区环境以及财务科技等方面可行的条件;教育工具本身的特点,每一种教育工具都有其独特的属性,对于特定类型的教学任务效果尤佳。

(二)教学媒体的选择方法

一般来说,选用教学媒体的知识方式一般包括问卷表、流程图、矩阵选择表、知识之塔模式以及算法型五种。

1.问题表法

问题表是一个列出的框架,其中包含了一系列相关的问题,需要媒体选择者进行回答。通过对这些问题的逐项解答,可以更明确地找到适用于特定教学目标(或特定教学情境)的媒体。下面的一组问题就是实例:

需要的媒体是为了提供感性素材还是为了提供练习环境?

这个媒体是为了协助团队教学,还是专门针对个人学习?

学生的认知能力是否与媒体资源相匹配?

是不是需要对内容进行图解或者图表的加工?

是通过静态图像来展示视觉信息,还是通过动态图像来呈现?

是否需要为活动图片配乐?利用影片或是视频来呈现视听相结合的活动图像呢?

没有已经存在的电影或录像以及播放环境?

根据具体情况,问题表中的问题数量可能较多也可能较少;它们既可以按照逻辑顺序排列，也可以不遵循逻辑。这种方法早已存在并且为其他一些选择模型奠定了基础。

2. 流程图法

利用流程图方法来解决问题时，我们依赖的是问题的表格模式。这个模式把选取的过程拆解为一系列相关联且标注了"Yes"和"No"的选择题，当用户做出相应选项之后，会依据题目逻辑进入到不同路径的操作环节中去，一旦完成所有问题解答，就能够确定出一种或者多套最适合（针对特定的环境）的教育媒介。

3. 矩阵选择表法

矩阵选择表的构建是以教学媒介类型作为一个维度，将教育功能和其他因素作为另一个维度，进行列举，然后用一种评估标准来反映这两者之间的联系。评估标准可以分为极有利、较有利、困难和不利四个级别。

4. 经验之塔

经验之塔将媒体提供的学习经验进行排列，形成金字塔状，由下而上分为11种层次。"塔"的底层的内容提供的学习经验最直观、具体，逐层上升直接感觉的程度越来越下降，趋向抽象的程度越来越高。

5. 算法型

基本原则是优先考虑使用价格较低且功能性强的教育媒介，其计算公式为：选择媒介的可能性＝媒介产生的效果（v）/需要支付的成本（c）。

第八节　教学评价的设计

教学评价的一部分就是学生的学业成就评估。鉴于职业教育中对学生学业成就评估和职业资格认证的重要性，这里我们只讨论如何进行学生学业成就评估的设计。

一、学业评价方式的确定

根据职业教育培养目标的构建，对职业学院学生的学业成就进行评估可以分为基础素质评估、通用技能评估和专业技能评估。为了简化评估过程，我们将这两种技能结合起来，划分为单一技能评估和综合项目评估。

（一）基本素质评价

通常的基准素养评估可以使用文件夹方法来实施。该方式对于培养和提升学生的基础技能有着显著的效果，并且也能够有效地推动其能力的成长发展。此过程中包括三种类别的分类存放区域——首先为产物存储区，用于储存学习结果的学生最后的产品展示；其次则是进程记录库，反映出他们付出的辛勤劳动的过程情况；再者就是进展追踪器，它会对比不同时间段内相同类型的作业以确定他们的进阶表现。整个流程主要是由以下几个阶段构成：

1. 指导建立档案袋

构建不同类型的成就档案包，这些档案包可被划分为三个类别：首选成就是其中之一，主要包含了广大学生所展示出的优秀成果。这个分类下的材料需要学生提供出他们认为最具挑战性的例子，通常会超过一年的时间长度，以形成对学生的深度理解并作为证明他们的整体表现的重要依据。其次，过程式成就档案包则致力于记录发展的结果，这意味着学生必须逐步审查他们在特定领域的进展情况。尽管具体的项目可能由老师来设定，但是学生仍然有责任去搜集所需的结果。更关键的是，学生成了他们自己的成功与进步的主观评估人。最后一种类型则是最佳成果型的档案包，该包内含各类科目的入选项目：基础素养、通识技能、专业知识和社会实践等方面。

2. 指导档案袋评价

为了评估文件等级，我们需要设计每个月或者每个部分的评级表格。这些内容可以通过如《基础品质评分表》、《通识技能评分表》和《专长技能评分表》等多种形式来体现。

3. 开展档案袋交流

常规举办档案袋展示会，学生们按小组形式分享他们的收获和作品，然后由每个小组挑选出代表在全班进行交流，这样就为所有学生提供了一次展现自我才能的机会。

（二）单项技能评价

单项技能评估是对那些在学生的职业发展中，频繁使用且难以掌握但极其关键的技能进行的独立测验。

（三）综合项目评价

对于整体项目的评估可采取任务评定方式或是项目评定方法。具体来说，任务的概念是需要个人单独执行的工作内容，而项目的理解则是只有通过团队协作才能够实现的目标。在使用任务评定的方式时，我们主要关注的是学生独自处理和解决问题的能力；而在运用项目评定的方法时，则侧重于观察他们共同探讨并解决问题的技巧。

（四）职业特质的评价

为了培育出顶尖的技术和技能人才，我国的职业学校应该在评估单一技能和综合项目时，考察学生的职业特性。这种评价包括对职业思维、行动、语言以及态度等方面的评估。

二、学业评价标准的确定

对于职业教育学员的学习成果评估，我们不宜使用基本教育或常规学科的教育方式以 A、B、C、D 等字母或 100% 的比例来衡量他们的学识水平。比如，某项职业技能需经过十步才能完全掌握，而该生已经按照规定执行了九步。若依照一般的基础教育或常规学科评判方法，他的得分应该达到 90 分，被视为优秀的表现。然而，当他在实际工作中应用这些知识的时候，并无法独自成功地完成这一任务，从而难以胜任这份工作。这种评判模式可能导致即使是优秀的学生也不能满足相应的职位需求。所以，为了更好地反映出他们学习的成效与实践的结果，我们在评估职业教育学员的成绩时，应当依据他们在学习后展现的行为特征及产生的结果来确定。如图三二所示，这是用来评估学员学习成果的标准体系。具体来说，我们的评价标准会受到国家和行业或是地区的不同领域的专业课程设置以及职业岗位所需具备的能力要求的约束。

第三章 默会知识及其相关的教学策略

第一节 职业教育默会知识

一、默会知识的内涵与特征

（一）默会知识的内涵

"隐性的理解能力（或称之为'非显现'）"这一观念首次由英籍匈牙利出生并有杰出成就的人类学与科学史专家 Miklós Radnóti 于他的著作 *The Study of Man*（*Man's Nature*）一书中提出并在同一年发表了相关文章。这个观点认为：人们掌握的信息主要分为两部分——一种是通过语言表达出来的信息；另一种则是无法用任何方式来表现出来但又确实存在的认知过程或者说是一种无形的存在状态，被称为"暗含知觉"，它包括我们日常生活中的一些经验感受等内容，而这些东西往往是我们自己都说不清楚的东西，但是它们却实实在在地影响着我们的行为和生活习惯等方面的事情所以这种现象也被人称为"潜意识活动"，它是人的思维活动的最深层次的一种体现，也是最为神秘的一部分。

总览全篇，我们可以发现关于隐含理解的研究主要包括三个流派——波兰尼路线、后期的维特根斯坦路径及经验——解释学的途径。其中，通过对比强烈或微妙的方式来界定潜在意识是基于以下两个观点而形成的一种方法：一是无法完全使用言语描述出来的信息类型被视为特殊类型的智慧，它揭示出思维能力和话述能力的矛盾关系；二是虽然实际上并未全部表现在口头交流中但是从根本上讲仍有可能转化为可用的口语形式的信息类别被称为"轻度"潜藏智能，例如格斯特纳模式下的无声感知，或者心理区域性的概念等都是属于这一范畴内的例子。此外，对于体验性和身体存在的研究也成了一种重要的补充手段，这有助于进一步证明隐藏于深层中的智力元素的重要性及其来源问题。最后，我们还应该注意到由波兰尼提出的两类感知的观念模型，它们为探索静态视角下的人脑活动提供了新的思路。

有学者将其中的四个类别知识定义为"知事""知因""知窍"及"知人"的知识类型。一般而言，第一二种类型的知识可以根据一定的规范来证明其真实性，被视为明确表达的知识；然而第三、第四种类型的知识则更倾向于依靠个体的实际操作经历、临场反应能力和创新思维能力去达成，这些往往只能通过直觉理解无法用语言描述清楚，并且较难以转化为代码或测量，因此他们被称为隐含性的知识。

现今，学者们对于"默会知识"的研究聚焦于它的动态认知进程，也就是默会认知。这种知识往往通过行为或者实践展示出来，以便强调它们的动态特性。波兰尼倾向使用"默会认知"这个术语。他相信，默会认知是以"一种做的活动"的形式呈现出来的。这里的"做"广泛涵盖了各类身体技巧和思维技巧的表现方式。在这个过程中，默会认知的活动体现了"默会能力"的使用，也是默会能力的实际应用。默会认知是一种"由A到B"（from-to）的历程。要理解某个特定物件，我们必须把所有相关的线索、细微之处、片段组合成一个整体去认识。对这些线索、细微处、碎片的辅助感知构成了默会认知的基础，而对目标物的核心感知的形成则是默会认知的核心内容。前一项任务是我们认知所需依靠的事物，一般更为熟稔，需要的心理力量相对较小，被称为近侧项；后一项任务是我们关注的焦点，因为它们较为陌生，所以需消耗更多的心理能量，故称为远侧项。默会认知即是具体的从近侧项向远侧项转变的过程。中国的研究人员还提到，从动态的角度看，"默会知识"的主要内涵可以分为两个方面：一方面是默会能力和其使用的默会认知（这与强烈的默会知识理论相呼应）；另一方面是指辅助项的不确定性和无法明确识别性。

据知名的日籍学者野中郁次郎所述，明确型知识可通过规范性的体系话语来阐释，其表现为如数字信息、科技公理、指南及操作流程等等的形式分享出去。这使得对这类信息的处理、传递及其保存变得较为简单易行。然而对于隐含型的知识而言，它是极具私人性质且难以用具体方式呈现出来的类型。例如主观看法（insight）、直接感觉（intuition）和预测猜测（hunch）这类就归属到这一类别里去。这些类型的理解深深地扎根在了行为活动、进程步骤、常规路线、责任义务、观念信仰还有情绪感受当中。由于它们无法轻易向别人传达的原因，在于这个过程中涉及了一种同步式的模仿学习机制。此外，这两种不同层次上的认识还可细分为两种不同的领域——一方面包含了那些被称为 know-how 的那种无形的个体技巧或者技艺；另一方面则涵盖着深入我们的内心，而且坚信无疑的原则观点、梦想愿景、价值取舍、思维框架乃至心理结构等方面内容。根据野中郁次郎提出的关于组织的创新驱动的知识生成原理来看，他强调的是"基于隐藏性和公开之间不断互动产生的新的知识"，他进一步提出了一套广为人知的名为 SECI 的知识转化模型。

（二）默会知识的特征

与公开的知识相比，隐性的认知在各种方面如存储模式、传递方法、表述格式及受文化影响程度上均有独特的特性。除了波兰尼提到的非理性非公众化和非批评性这些特点外，它还有一些明显的属性。

1. 难言性

无法用文字描述清楚的是默会的本质属性之一：它既不能被翻译成代码，也不能有效传播给他人或者分享出去。然而，我们使用语言作为逻辑思考的主要手段，当没有任何形式的话语介入时，个体获得并学习的经历及理解就带有强烈的不确定因素。这就是波兰尼想要揭示的部分内容——他试图"剥去公式、等式的掩饰让智慧毫无遮拦展现在眼前"，根据伽达诺的研究结果显示，即使孩子的口头交流技巧并不高超的时候他们的创造力却能有很好的发挥空间（如绘画）。大部分时候人们对事物的感知都是以视觉图像的形式存在于脑海中的，这使得他们对于事物的感知更加强烈且直接。从进化的角度来看，人离开兽类后的时间段内并没有任何话语的存在，生存和生活的大部分依赖都来自于无声的信息学习过程，及其隐藏性的体验传授方式上。对于默会知识的强度区分主要包括三类：首先是可表述内容与无法表述内容的分野；其次是在能通过语言工具详尽阐述的部分中，原则上可以用语言描述的知识与无法详细说明的内容间的差异；最后是在理论上可以通过语言工具全面解释的领域内，实际已被讨论过的知识和尚未探讨过的问题间的关系。所以，我们可以说，尽管默会知识难以明确表达，但它并不是绝对无从谈起，而是有着多种形式的表达方法。强大的默会知识也可能利用其他的非语言元素，比如目光、动作、演示或辅导等方式得以传达。

2. 个体性

私人知识被视为一种个体经历或者感知到的知识，罗素将其分类为"个体的知识"及"集体的知识"两种类型。科学知识的发展通常需要以放弃私人的知识作为代价。集体知识很难捕捉到个人直接获得的知识。波兰尼提出了"个人知识"这个词语，旨在强调认识活动的个性化和客观化的结合。这意味着，认知的过程中必须有个人积极的投入，包括直观能力、技巧、理解力和主观判断以及情绪体验等（这是个性化的一面），同时还需要借助对某些线索的敏感度来识别出潜在的事实（这就是客观性一面），并且努力去阐明这种潜在的关系。波兰尼主张，个人知识和社会知识并非相互孤立的知识形态，而是对科学知识特性的新诠释。他通过分析科学家全面参与科研发明的整个流程，证明了个人知识的存在及其合理性。他还提到，对于科学问题做出价值判断时，无法脱离科学家个人知识的影响；在科学探索中，科学家将普遍的技术准则转变为其自身的"经验"和"惯例"而产生的知识就是个人知识。其中一些可以经由语言表达成公众或社会的明显知识，但另一些可能不能用语言描述或是难于解释清楚，这就构成了所谓的"沉默知识"。

3. 情境性

获取默会知识通常伴随着某些独特的问题或者任务"环境"，这是一种对这些问题的直觉整合或理解方式，是在个体在特殊的实践过程中产生的思维及行为模式，其含义与其经历的环境有直接的关系，并且常常通过一些特别的问题或是任务"环境"的再次出现或者是类似的方式而起效。每个职业的活动都是在真实的职场环境下发生的，因此，对于相关领域的默会知识的学习和传递无法脱离与此产生影响的社会环境。与笛卡尔式的静态且绝对的知识观念不同，默会知识具有强烈的情景依存性。原因在于，默会知识的学习过程必定包含了哪些人在参与，以及他们的参与方式等具体情况。如果忽略了这些情景因素，那么知识只剩下信息的性质，不再成为真正的知识。历史性的、社会性和文化的情景构成了人们从"信息解读"至"意义构建"的基础。即使是最具"超越"品质的科学，也需要"让所有普遍的事物回归到它们独特的情境之中去研究，让所有的抽象真理回归到它们具体的条件下重新检查"。野中郁次郎专用的"场"（Ba）这个词汇强调了情景在默会知识学习中的关键角色。"场"是一个蕴藏着潜在意义的领域，被视为共享新颖观点空间的地方，也是对信息进行诠释并将之转化为知识的空间，它是知识创新的基本基石。"Fields"，从其分散形式的角度观察，主要是指实体性的、虚构式的、精神上的及其各种混合体态的存在方式。而就信息转化的各个环节而言，"fields"可以被划归为"Dialogue Field""Initiation field""Training fields"和"System Fields"等类别。

4. 文化性

就整体来说，隐性知识与其所在文化的理念、标志和理解框架密切相关，这使得来自不同文化和环境的人群可能拥有各自独特的隐性知识结构。例如，科学社群中的每个人都被其塑造并受到其规则和限制的"模式"，这种关键的隐性知识模式不能直接用明确的语言来描述，但是它深入体现了科学社群的文化特征，包含了该社群成员共有的信仰、价值观、研究方式及技能等，相比显性知识更具明显的文化特性。对于个人层面，只有在实际的学习经历中才能够体现和获取隐性知识，并且学习者持有的一些知识信念、信任关系、价值取向和生活习惯会对他们的隐性认识进程产生重大影响。人类的活动通常是有目标导向的，为了实现预期结果，参与者需要有足够的了解，也就是让自己的行动融入自我意识之中。这就是我们常说的主体如何主动掌控外部环境。因为学习者的认知过程涉及个性和社会的因素，所以所有的知识都有经验性质和社会元素，因此我们可以认为知识具备积极性和主观性，它的基础在于个人的价值观体系。实际上，隐性知识学习的文化局限性可以通过特定场景表现出，最大程度地使个人的活动回归至日常生活的情景，从而激发他们的生活经验和感受。只有当人们的情绪和环境相互影响时，默会知识才能被表达和传递。理想的默会知识传递应该是基于人与人之间的情感共振。

二、默会知识的基本结构

"焦点觉知"和"辅助觉知"的关系形成了一种"from-i。"（由此至彼）的互动模式，这构成波兰尼默会认知的基础架构。换句话说，要全面了解某个主题，必须将其相关信息如线索和细节等融合成一体，也就是从基础信息的感知（辅助感知的阶段）过渡到总体感的感知（聚焦于主题的阶段）。深度思考应贯穿于所有细节和线索中，并将它们组合成为具有意义的集合体。正因为这样，默会认知被称为"from-to"型认知。实际上，所有的任务和行动都包含了"焦点觉知"和"辅助觉知"的某些交融。我们的注意力往往依赖于外部的事物去观察某个特定目标。而"焦点觉知"是我们关注的核心内容，所以可以直接意识到。至于其他参与注意力的因素，我们可以对其赋予辅助性的感知，这种感知可能是潜意识的，也有可能是显意识的。根据郁振华的研究，从存在主义的角度看，在默会认知过程中，这两种感觉方式间的联系，类似于主体部分及其各个元素间的关系，这也是波兰尼所谓的认识与存在的相似之处，即默会认知的存在学层面。

吉尔曾提出一个包含三个层次的知识结构，这使得我们能够更深入地理解人类经历的丰富性和全面性。首先，他定义了一个"觉知"的横向层级，它包括从"焦点觉知—辅助觉知"这一连续体中提取的信息。其次，他还设立了一条纵向的"活动"线，这个线描述的是从"概念活动—身体活动"这一连续体的信息。这两种方式覆盖了人类体验的所有领域，并通过"觉知"来获取数据，然后以"活动"的形式呈现出来。最后，他引入了认知层面，这是一个单一方向的过程：即从隐含认识转变为明确认识。"焦点觉知"和"概念活动"结合起来构成了波兰尼所说的显式认识；"辅助觉知"和"身体活动"则共同产生了潜在认识。因此，我们可以看到，认知层面是由概念活动和焦点觉知的互动，以及身体活动和辅助觉知的交互产生的，从而推动了明确认知的发展。

三、默会知识的习得机制

"技术的形成往往伴随着不断的尝试错误过程"，现象学视角来看待个人层面上的情况时，我们发现个人的技艺熟练度是由内在的学习能力所决定的——他们会在没有明确意识引导的前提下重复操作某个动作以达到自动化水平的过程就是一种自我学习的体现方式。对于个体的理解来说，他们的技巧提升到一定阶段就意味着产生了新的隐形认知（也就是所谓的'非语言性的'）。而当这些新产生的认识被用于实际应用后，它们可能会转变为有形的表达形式或是进一步融合其他已有的信息来构建出更复杂的技术体系结构。

总的说来，默会知识的学习是在实践中发生的经验积累，然而在三阶段转换的过程中，它的表现形式各异。首先，"无声地影响"这一环节中，默会知识透过共事者的交流而被分享或交换。例如，面对面的人际交往，包括实习生式的教育、全神贯注的学习（像禅宗一样深入研究）及观察并仿效他人等等，都是这个阶段里默会知识学习的最有效途径。以美国的专家朱克曼的研究为例，他发现诺贝尔奖获奖者所学的并非只是明显的知识，更多的是一些难以言传的思想习惯，和无法归纳总结的工作技巧等深层次的知识。这种良好的师生关系和轻松的学习环境能使老师和学生达到心灵相通的效果，从而更利于默会知识的社会传播。其次，"外部的清晰阐述"这一步骤中，默会知识利用各种易懂的方式进行了表达。其中包含了用语言沟通、使用概念、比较法、象征主义、模拟、图形展示等多种手段，甚至可以构建出一套普遍性的标记系统，以便把"默会知识"清楚地呈现出来。为了成功地使自我隐含知识显现出来，一位专业的教师必须经过长时间的专业经验累积并结合适当的学习理论，持续扩大其专精领域词汇量，提升自身的表述及解说技巧，并且需在工作过程中主动反思并提取自身的工作经历。其次，这个"内化深化"阶段就是让导师间的接续经验转变为个人的技术手段的关键步骤，主要依赖于如"行动""应用""试验"和"训练"等具体操作行为，从而将明确知识转译成潜在知识。一般而言，这种转化可以借助诸如教育课程、自主实践或者团队协作等方式以"学中做"的形式完成新潜藏知识的学习和掌握。另外，因为这两种类型知识相互补充且循环更新，所以这三步并不是绝对分离的，大多数时候它们之间会有一定程度的融合和交叉。

学习情境在默会知识的习得中起着关键性作用。野中郁次郎通过他提出的"场"的概念来表达"情境"之义。"场"是由物理的、虚拟的、心理的等要素构成的组合。"场"分为"启动场""对话场""系统场""练习场"其中，"启动场"为"潜移默化"提供境脉支持，它有利于个体分享经验、感情和心智模式；"对话场"有利于个体心智模式和技能得以共享后被转换为常见术语或其他易于理解的各种表征,并运用概念清楚地表达出来。这是"外部明示"的有利条件;"练习场"通过做与实践来学习和掌握新的默会知识,通过行动使默会知识具身化,它最有利于"内部升华"的实现;"系统场"有利于联合现有的明示知识进行交换与传播,是"汇总组合"发生的情境条件。

四、职业教育中默会知识的分类

(一) 默会知识分类梳理

波兰尼对于隐性知识的探索具有突破意义,其理念与见解被广泛应用于后来的知识体系中并得到借鉴与参考。基于波兰尼的研究基础,众多学者逐渐将其视野扩大至组织的层次,从而引发了关于隐性知识多元化及分类探讨的新趋势。

教师大卫·伯金斯,来自哈佛高校的教育学院,他首先根据个人素养结构对默会基础知识做出了划分。他表示默会知识一般涵盖情感、语言理解、身体、社交习俗以及专业技能等五个方面。

根据知识管理理论,罗伊卢比特把组织的隐性知识划分为四个类别:无法言述的能力、心理模型、解决问题的策略及公司习惯等。这些类别不仅涵盖了个人层面的隐性知识,也兼顾到公司的内部隐性知识。

如前所述,野中郁次郎主要从技能与认知两个维度对默会知识进行分类。技能维度包括非正式的、难以掌握的所谓"诀窍"的技能,那些来自亲身经历的高度个人化的洞察力、直觉、灵感都属于这个维度。例如,经过长年累月熟练的工匠积累了大量习惯性的技巧,但是他们对于其背后的科学与技术原理却很难明确表述出来。认知维度包括信仰、观点、思维模式.这一类的默会知识如此根深蒂固以至于人们早已习以为常,无意识地接受它们的存在。尽管它们不容易明确表述,但是这类默会知识对于人们认识世界有巨大影响。

"情景""行动"与"决策"这三个方面构成了迈克尔艾略特的默会知识的三种类别，包括了对于环境的隐性认识、行为过程中的隐性步骤以及用于指导直觉式决策的隐性原则。这一划分适用于个人及团体，并维持着一种关于隐性知识的动态视角。

哈拉和沙德波特等学者对默会知识做出了全方位的划分，包括技能、背景及其组织三种层次。他们主张，默会知识可被归纳为技术领域的默会知识、背景领域的默会知识及其散落在各种社会组织中的默会知识这三大类别。

上述探讨均针对以技能和行为为基础的隐性知识予以深度重视，这是与其核心特质密切相关的。总览全局，这些关联的研究分别自个人、环境及场景以及团队等方面解析了隐性知识，尽管他们的观察角度有所差异，却都有其独特的价值所在。所有的见解将会成为我们对职业教育的隐性知识进行归类的重要指导依据。

（二）职业教育默会知识的类型

我们从职业教育的视角出发，可理解为职业教育过程中的隐性知识即是个体参与者（如个人）在实际操作中产生的经验群体，以及由学校或产业公司等人才培训实体组成的专业团体所持有的隐性知识。这种知识拥有者的范围涵盖了老师、学生及相关的教学组织结构；而它的表现形式则包含所有的技术性的隐性知识，同时还涉及情绪、语言表达、组织文化和社交习惯等方面。根据上述观点，并结合一些已有的研究成果，我们可以将职业教育中的隐性知识粗略地归纳成三类：首先是一类依赖于个人的技巧的隐性知识，这其中包括老师的教授和学习的专业技术能力，同时也包括他们自身的教学方法和策略等等。这些专业的技艺主要是建立在个人身体的应用和对设备的掌握上。其次则是关于教师的教育策略，例如如何应对隐性知识的问题，或者评估学生的学习情况等等。

理解职业选择、专长领域的能力、直观思维和心理建模；教育工作者解决课程内容和教科书难题的方法，以及他们在课堂活动中所使用的语言表达、面部表情、姿态和服装等非正式知识。其次，这是基于技术培训的学习群体的隐性知识，它是在教师和学生通过技术的传递和学习过程而建立起来的"实践社区"中的集体行动模式，这包含了教师和学生一起逐渐发展出的技术学习文化、师傅带徒弟时产生的"门规"、协作模式，也包括学生之间的基于"合法边缘化参与"的技术学习方面的不自觉知识。最后，这是更广泛组织的基于常规操作的隐性知识，它是由组织内部权力的"习惯"来定义的，并且由这些"习惯"确定在新情况下的学习模式和解决问题的方法，其中包括学校和公司根据共享利益组建的专业建设、课程开发团队对于工作场所和职位需求的变化等方面的感觉、领悟能力和观察力和应变策略等等。

第二节 基于默会知识的职业教育教学策略

一、关注技术知识的核心，构建以整体观为基础的课程知识视角

长期以来，我国的职业教育课程理论研究及其开发实践是基于实证主义科学观的。这种课程观把注意力主要集中在个体对纯粹科学知识和客观技术知识的理解和掌握上，把人和技术割裂，忽视负载于人身体的以及组织内部的默会知识的存在，忽视了人的存在及其参与。在课程和教学中，这种课程观强调明言形态知识的学习与掌握，以掌握了各单项技能就可以认识技术全貌为其错误预设。这一知识观割裂了技术知识的整体性，并未真正抓住技术知识的本质，而忽略了默会知识的存在。这也是一直以来我国的职业教育课程与教学改革低效的重要原因。

实际上，波兰尼曾经就此进行了深度的质疑和反省。他指出，现代实证主义的科学观念虽然对于人类认知、伦理及社会发展起到了关键性的影响，但也引发了一些严重的错误。这个科学观念的主要两个体现为还原论

和客观主义。还原论是一个"简化主义"的形式，它消除了事物自身的含义，使人们被视为无感知的机器人；而客观主义则强调科学的重要性。

其客观性、超脱性和无情感特性使得证实过的实际经历被视作科学和所有真实性的标准，排除了人类在科学过程中的角色，从而引发了现实与价值观之间的断层，最后致使自我存在遭到质疑，并且让个人的主体价值"流失"，进而造成个体的本质变形。知识的产生依赖于认识者自身的活动，它是属于人的，也是私有的，拥有如隐含性、环境相关性、传输困难、个性化、行为与动作相关性等显著特点。

实施由经验主义科学观念转向基于隐性知识的核心职业教育知识体系观点对于提升职业教育的效率具有重要影响。在职业教育学科的研究及实际操作过程中，我们需要坚定地保持知识的全局视角。在包括设定学习目标、选择教学材料直至评估等方面，应防止技术知识被孤立的情况出现，通过利用典型的作业或者项目来执行教学，并构建以产出为中心的评测系统，从而确实推动学生的隐性知识内部化的品质和成果；同时，我们要强化技术的核心地位。要把技术视为人类与科技相融合、协调一致的有机体，激发个人对隐性知识的理解、感受和体会，并且全面考虑到个人的喜好、激情和价值观等要素。

二、探索以学徒为主的人才培养方法，归纳出职业教育的教学原则

历史上的师傅培训起源于金属制品时代的早期阶段，这标志着初始形式的教育方式出现并发展起来。然而，这种早期的师带徒的形式并没有完全成型且带有强烈的家庭色彩，它基于父母子女或者收养的关系而存在。随着时间的推移，"工作坊式导师培养法则"逐渐成为现今社会中的主要教师培育方法之一。就其本质而言，它是针对个人学习的特殊类型——特别是那些涉及实际体验，尤其是在获取无形理解方面的能力的一种个性化的教授策略。该种训练不仅仅适用于一对一授课的方式，更能满足对技术性

和活动度较高的学科的需求。对于不能用明确的话语表达出来的认识及技艺来说（即所谓的缄默知觉），需要借助实际行动来实现传播及其掌握；因此，这一过程中实际上就是由专家们把他们的隐藏信息转移给新手们的行为表现而已。我们常说的"大师造就好弟子"强调的是：在这个领域内，只有采用这个特定的指导体系，才能有效地让新学者学会这些难以被口头传达的信息内容。此外，现在的实习生计划还能够提供一种真实的职场环境，供学员去亲身体验并且接触有丰富工作经验的专业人士，同时也能借此机会创建一组紧密联系的人际网络，以便更好地吸收这类深层次的技术含量高的知识点。这就是为什么现在我们的职业技术学院都开始使用这样的系统的原因所在。

作为德国经济发展的重要驱动力之一，"双元制"职业教育的核心——学徒制度被视为其成功的秘诀。这一事实表明了职业领域同样是一个优秀的教育环境。首要的是掌握各种技能，而在这个方面，工作的重要性和对人格塑造的作用需要在多数的社会里。尤其是教育体系内部予以更高的重视。这就要求我们不仅要在工作中获取经验，同时也应该考虑到这些经验的重要性。从另一个视角来看，"双元制"本质上是一种现代学徒制度：学生和公司签署职业训练协议，绝大部分的学习过程发生在生产线、实验室内或者店铺等实际的工作场景中，只有一周左右的时间在学校上课。在此种职业教育方式中，公司的角色至关重要，学生们在导师的引导下，通过亲身实践、观摩、尝试错误等多种途径，逐步领悟到职业领域的隐性知识。

我国职业教育人才培养目标定位是高素质技术技能型人才。不管是技能型人才，还是技术型人才，学生都要掌握从事专业领域实际工作的基本技能。职业教育教学要解决的一个核心问题是要让学生形成与其所学专业相关的个人经验，这要求职业教育课程应体现出强烈的实践性。从世界范围看，现代职业教育主要有三种模式：学校本位的模式、以企业为主的培训模式和"双元制"模式。目前，学校本位模式是职业教育发展的主导型模式。我国职业教育在经历了20世纪90年代的改革后基本上是学校本位模式。很长一段时间里，学校本位的职业教育也的确起到了培养工厂生产所需要的初级技能劳动者和推进教育民主进程的作用。但学校本位的职业教育与工作世界的脱离以及职业教育课程的"学问化"等根本性问题不利于学生习得与工作相关的默会知识已形成共识。现代教育技术再发达，学校的实训条件再好，在学习过程中也很难提供给学生"真实"的工作环境；教师的学历再高，在职进修的制度再健全，也仍然赶不上工厂里工作多年的师傅的经验积淀。

学徒制是一个占老而又现代的人才培养制度，中国的传统学徒制面临着如何现代化的问题；西方现代学徒制在我国的勃兴，一方面是对默会知识理论及其知识转化规律深入认反的结果，另一方面也是对职业教育教学实践中问题深刻反思的结果。目前，"现代学徒制"已经成为我国职业教育改革中的一个热门词语。《国务院关于加快发展现代职业教育的决定》将"现代学徒制"试点列为推进职业教育人才培养模式创新的重要举措。越来越多的学校和地区也正开展着各种形式的现代学徒制试点，为职业教育教学和技能传承不断总结着经验。

三、从课程管理转向课程领导，实现知识传播的顺畅和默会

在中国实行改革开放的三十四年里，我们的职业教育的教学方式已经经历了一个由"学科体系化"向"职业方向引导"转变的过程，接着转向"学习理论指导"，最后到达"操作流程驱动"的发展历程。尽管我们一直在尝试实现"本地化"的目标，但是至今为止还没有形成一套既符合中国国情，又能展现出独特魅力的职业教育教导方法。表面上的"风起云涌"的教育变革，并没有能在职业学校的老师和学生的实际应用中留下深刻的影响。就教育改革推动的方式而言，中国的职业教育教育改革主要采取的是"顶层设计"的管理模式，这导致了老师们缺乏自主权，他们只能按照上级制定的课程规划来执行任务，并且因为长期以来习惯于这一模式，所

以他们的主动性和创新精神并不高涨，甚至有时会出现抵触情绪。这样的一种模式并不能够满足学校自身面对市场的需求，也不能满足学生多样化的成长需求，也无法激发出老师的改革激情。单一的课程管理模式限制了隐性知识在个人之间及个人与组织的交流传递。

教育领导力是指在教育改革过程中，各方教育利益相关者通过协作和商议的方式建立的专业团队。在这个过程里，他们试图寻找国家和地区级别的教学内容（即国家课程）、地域特定的教学内容（即地方课程）以及个性化的教学内容（即校本课程）之间的平衡点，从而实现对理想教育的重新审视和构建。这种教育领导力源于教育管理的实践，并随着时间的推移逐渐演化成一种新的教育领导形式——教育领导力。这是一种时代的必然趋势，因为它是对传统的课程管理体系的批评、学校的自主教育活动的发展以及领导学的应用于教育领域所共同促成的。此外，"从课程管理到课程领导"的变化也标志着教育观念和价值观的重要转型：首先，这个变化反映了现代社会的民主精神，强调个人的自由和平等，尊重个体的权益，避免把课程改革仅仅看作是一次教科书的更新换代，这也是课程语言环境的一种重大调整；其次，这也显示出了教育工作本身的专业性和复杂性，说明课程的创新需要所有相关的教育工作者共同努力才能完成，并且对于过去那种自上而下的课程改革方法提出了怀疑和反省。在这样的教育领导模型中，关键的教育利益相关者将会组成专业的团体。在这其中，决策的执行并非依赖于行政人员的法律授权，更多的是基于教育领导者的个人影响力。这个"专业化"群体是基于专业领域建立起来的一种多元化和多个权责实体组成的环境，这不同于传统的由上级向下级传递信息的单一路径式的教育管理体系。这种方式能够有力地调动"基层教师"对教育教学变革的热情，并构建出一种有效的促进隐性知识转换的协作沟通系统。

要建立起网状的、具有生态学特征的课程领导模式，教育行政部门首先要树立起"有限型政府""服务型政府"的理念，实现职能从微观具体管理转向宏观管理，从直接管理转向间接调控，真正为职业院校落实办学自主权、激发学校办学活力、形成课程与教学改革专业共同体创造有利条件。其次，从内部组织结构上看，职业院校应当以专业或系部为单位，逐步建立起包括学校课程的各级管理者、专业主任以及处于各种专业发展阶段的教师等在内的课程或教学专业共同体。可以根据专业、经验等因素把文化课教师、专业课教师以及相关实习实训指导教师有机地进行异质重组，为默会知识的传播创造有利条件，使对默会知识掌握较好的专业课教师能尽可能地把默会知以传播给专业基础课和文化课教师。再次，就工作流程而言，关键在于依赖于个人的管理者权威，因为他们的专业水平较高，因此得到同事们的尊敬与认可；法律规定的管理人员需要学习如何有效利用自己的权限，通过持续推动教育改革的目标来激发出不同教学单位间的合作关系。此外，还需要在机构内部及外部构建起成员间定期或者不定期的分享隐性知识的平台（例如：实施"青蓝工程"的方式，定期或不定时地参与课堂观察、评价活动，举办座谈会议，提供实际操作上的辅导等等），并将这种无形知识的共享和传递视为评估一位教员或是组织的核心指标之一，同时也应肯定这些隐性知识的独特性和专属性，并且对其予以相应的奖赏和鼓励。

四、以提升教师的默认理解能力为主要目标，推动教师专业进步

作为专业的教育机构——职业学院中的教员，特别是专门课程的教授们，他们的专精程度对于学生的学识成果有着关键性的影响。根据波兰尼的研究，"通过榜样学习的本质在于依赖权威。你在跟随导师的行为中学习，因为你相信并尊敬他的工作方法，虽然你不理解或不能详尽阐述它的有效来源。在你师父的指导下，通过观看与模拟，学员会在无意识间掌握这项技巧的规定，其中也包含了一些甚至老师自己也不知道的规则。为了吸取这种隐藏的规则，人们必须完全没有质疑地去仿效他人。如果想要保护个人财产，那么整个社群都需顺应传统的规范。"对于职业学校来说，优

秀的专门学科讲师便是默会知识的"领导者",学生需要依靠他们来获取专业能力,从而实现"一项特长的培养"。

(一)树立"教育管理是服务"的观念

尽管人本主义教育的管理思维已经提倡多年,但在实际操作和全面实施的过程中仍然存在挑战。目前,我国的高等职业教育正逐步摆脱传统大学教学模式的影响。

教育的核心是以学生为主导的管理模式,旨在提供全面且全程的服务。在招收新生的过程中,我们应该积极向他们传递所需的信息并协助其完成志愿填报;在培育阶段,我们将充分保障学生的专业选择自由度及转系权利,同时重视他们的个人爱好与志趣;在毕业生方面,我们应调整课程安排以便于他们在实践中学习,实施弹性的学期制度,并且借助实习公司来优化毕业设计的管理方法;对于学生的日常监管,我们要更注重他们的思维、需求和感情因素。面对学生犯错,我们需用真挚的情感去引导他们理解道理,而不仅仅是简单粗暴的处罚手段。我们的目标是要建立起"三位一体"的原则:"所有事情都是为了学生,所有的学生都值得被关注,而且任何事都需要考虑到学生的需求"。此外,我们也应该坚持"教育管理的首要任务就是服务"这一理念。

(二)以市场为基础,专业建设满足社会经济进步的需求

高职学院所提供的课程并不等同于普通的大学科系或领域,它们更侧重于技术的培训,旨在培育具备特定职业技能的人员,这些人员需要有针对工作环境的能力以及实践操作技巧。以满足市场需求的方式设计专业,是一个全新的教学观念。其核心在于引导社会的需求方向,地区经济发展路径,也就是从传统的基于教育资源的设计转向市场需求驱动的决策过程。所以,各个高职学院应当顺应所在地区的产业结构变化和个人需求的发展趋势,坚守"有所作为但也有所不能做"的专业选择原则。

初始阶段,高校在构建学科时需要深度研究产业及公司情况,并实时追踪其高科技的运用现状,同时也要洞察到它们对于人才技能需求的变化,

持续跟踪人力资源的市场趋势，以便适时更新教育方案。激励学员们密切注视并理解职业发展的动向。然而，在学科架构优化的过程中需平衡长期课程与短期课程、新颖领域与古老领域、广阔视角与多样化领域的矛盾，同样也需要考虑变革型科目与稳固型科目的相对位置。

再次强调的是，我们需要根据地域和社会发展来设立专业的方向。高等职业技术教育的主要目的是为了满足当地社会的经济增长而培育出一线的工作者，包括生产、经营、建筑和服务领域的专业人员。所以，以本地的需求作为指导原则设定专业时，应着眼于技术的实用性，同时也要考虑到未来趋势的发展，确保所设定的专业具有实践性和预见性。

其次，我们需要赋予我们的专业以独特的特性。"高等职业学院的核心竞争力是其独特之处"，这种独特性很大程度上取决于我们在专业领域的构建。为了实现这一目标，我们要根据市场的需求来制定策略，并充分考虑地区内的产业结构变化及主导产业发展的情况，实施集中攻坚战术，努力打造一系列能紧密联系到本地主导产业的高级专业领域，以此作为引领者，推动整个专业体系的全面升级和提升。在这个基于市场经济原则下的专业设计中，试图让所有高等职业学校都去建立广泛且全面或狭窄但全面的专业是不现实的，也是没有必要的。因此，在发展过程中的每一个阶段都要明确自己的定位，有选择地投入资源，确保不会出现重复投资的问题。

（三）以社会评价为标准，培养"一专多能"的复合型人才

传统大学毕业生合格与否都是以能否取得毕业证书来衡量的，即人才培养是由学校自身的评价标准决定的。毕业证书成了学生学习的终极目标和追求对象。近年来，大学生就业形势严峻，尤其是高职院校的毕业生就业在全国范围内面临着前所未有的压力。显而易见，依照传统学校评价方式来把握当今瞬息万变的社会人才需求情况是完全不够的。学校不能准确掌握社会对毕业生能力与素质要求的信息，必然导致人才培养与市场需求脱节，毕业生缺乏市场竞争力，不适应社会的要求。

高职院校转变人才评价观念，改学校评价为社会评价，及时掌握社会

对人才类型、规格及质量的需求，结合现代职业对劳动者文化素质和技术水平要求的总体情况，在学生中推行职业资格制度，努力按照职业岗位群的要求，培养"一专多能"的复合型人才，保证学生在校期间能够真正掌握安身立命的实用技术，并在严峻的就业竞争中顺利就业。

"一专多能"指的是一种具备深度理解基础知识，并能在特定行业拥有多元化技能的人才。他们可以有效利用所学的知识和技巧来处理工作中的重大挑战。为了培育这类人才，教育机构需要专注于某个特定的职业领域，并在其中实现"专"和"多"的和谐共存。根据社会评估的结果，我们应在教学计划中强化学生的实践操作能力，采用双证（甚至更多）的学习方式，即除常规的学位证明外，还需获取高等级的专业资质认证。条件许可的话，我们可以设立跨领域的技能培训课，大力推动多样化的技能发展。此外，我们也应该邀请部分理论功底深厚，且擅长实操的学生加入教师的研究团队，让他们亲身感受当前的新科技，提升他们在不同专业和学科间的综合知识运用的能力及设计才能，进一步增强他们的实践新技艺的能力，从而激发出他们的创造力和创新思维，满足社会对于复合型人才的需求。实施副修专业的过程当中，我们会给那些有足够精力或者特别感兴趣的同学提供选读第二个专业的机会，以此来增加他们各种技能的积累。另外，我们也会鼓励同学们在相关的或是接近的专业间做出选择，以便打破各专业之间的隔阂，使得某些专业知识和技能得以整合，进而生成更全面的能力。

（四）通过职业发展为主导方向，确保学员们在学校里能够获得技能并顺利完成学业，同时也能找到工作岗位

劳动力市场的稳定对于人民的生活质量至关重要，对高等职业技术的教育持续进步也有着深远的影响。视学生就业作为学校的核心任务，这是全新的思维方式，同时也是人本主义教育理念深度理解并延伸的结果。中国的高等教育已经从精英式转向了普及化的阶段。随着大学生的就业特别是高职学院学生的就业越来越受到社会的关注，成了公众讨论的话题。大

学生是否能顺利地完成学业并在毕业后获得理想工作岗位,被视为衡量一所高校教学成果的关键指标,同时也决定了一所高校的发展方向。当学生进入校园开始学习的时候,他们需要在学校里学到知识并且能在毕业时找到合适的工作,这样才能提升大学的声誉和社会影响力,使其保持良好的循环发展状态。高职学院要坚持以就业为中心的办学思路,以此来推动各项工作的展开,这也是达成这个目标的主要保障。我们希望通过这种方法,让我们的学生不仅可以掌握技能,而且还能满足市场的要求,从而让他们在毕业后都能找到满意的工作。因此,我们要做两件事情:第一件事就是实施一种以就业为主导的人才培养策略;第二件事就是要全面推行系统的就业辅导计划。

由于传统的教学计划和课程设置无法适应以就业为导向的高等职业教育,因此,在人才培养过程中,学校要关注就业市场变化,及时调整专业培养计划。根据学生有效择业、灵活就业和自主创业的需要,探索以学生和企业为"客户"有助于学生自主选择发展方向的"套餐"式课程管理机制;开辟学生"辅修专业""第二专业"绿色通道,开设更多实际、实用的选修课程,鼓励学生在相关专业领域自主选择学习;与企事业单位合作,根据用人单位"订单"进行教育和培训,按照企业对技能型人才的实际需求安排文化基础课,防止盲目加大文化基础课程的比例,而削弱职业技能训练。要突破传统观念,针对生源情况和实际工作需要,实行分层教学,分专业方向和分阶段教育;建立学分转换等相应机制,把学历教育中的专业能力要求与国家职业标准,以及相关行业和合作企业的用人需求结合起来。针对职业技术教育学生动手能力这一突出环节,加大实训基地、实训设备的建设投入,满足广大学生培养动手能力的需要,使高级技能型人才培养成为现实。采取实习与就业相结合的方式,提高学生的岗位适应能力。学生具备就业能力与素质后,学校还要做好就业教育工作。学生入校后,就要对其进行职业角色教育和专业思想的培育,使广大学生对自己的专业和未来有一定的认识和了解。今后,要建立相应的学校就业工作机制、工作方法和工作措施，使每一位干部和教师都来关心学生就业，促进学生就业。

对于管理学生的机构来说，他们需要调整其角色并专注于教学全过程中的市场需求，以执行就业辅导任务。他们的目标是协助广大学生找到合适的工作职位，增强他们在创新思维及创业技巧上的培养，同时支持和引导那些有志于自我创立事业的学生。此外，他们应关注就业教育的核心部分——即就业的培训和指导，并将这些内容融入专业的构建中去。为了确保能够满足职场的需求，他们应该定期更新适合各类型工作的技术培训课程。最后，通过多种途径来提升学生的社交经验和社会知识，让他们有机会深入理解行业的运作方式，认识不同类型的职业选择，从而寻找合适的时机开始自己的创业之路。

五、高级职业教育的文化技术传承与创新

高校的高等教育和职业教育特性是并存的。对于高等教育部分来说，我们需要重视文化的传递及创新的作用，但是这种文化传播应该与其自身的教育理念和学生培育模式紧密相连，突出职业特征，从而塑造出高职教育独有的文化传授特性和个性，其中包括技术文化和公司文化的主要元素，以此来展现民族传统的工艺技巧及其对我国工业化发展的重要性，同时也能揭示那些被深深埋藏于人类的历史回忆和现代生产的精湛技能所散发出的独特魅力。在实践过程中，我们要积极推动"行业文化进入教育领域、工厂文化融入学校环境、公司的文化走进教室"。

一、传统技艺文化的传承

在中国工业化的进展过程中，各地区的工业文化都有其独特的地域性和行业特性，因此如何发扬传统的工艺文化和保护及延续非物质文化的遗产成了高等职业技术学院文化构建的关键部分与独特之处。我们可以通过

在学校内建立专门的地方传统文化展览厅或大师的工作室等方式来引进这些工艺文化，从而提升学生对工作的自豪感并增加他们的自我成长信心。

（一）坚定地确信"培养品行和塑造人才"是高职教育的核心使命的理念

"完全教育"的高等职业教育旨在满足公众的需求，而非仅仅关注技术培训。虽然其主要目的是培育具备基本理论知识并能有效应用于实际操作的专业人士，但是这并不意味着它就是一种忽视道德品质的教育方式。实际上，高等职业教育的核心使命在于塑造学生的品格和人格。所以，我们应该把优秀的文化传统融入学校的学习规划里，使学生能够理解什么是美、善与真理的同时，也让他们认识到自己的错误和不足，从而形成正确的世界观和生活态度。这样一来，他们不仅能在学习过程中掌握各种实用技巧，还能提升自身的道德修养。

（二）改变现有专业课程体系设置，加强人文教育

职业学院应该根据自身的条件，融入传统文化到他们的教学方案里，并且设定相应的课时和分数，向学生们提供具体的实践任务的要求，建立实际有效的评估方法及奖励制度，定期举办成果展示大会，表彰表现出色的团队和个人。

（三）提升教师团队的构建，打造一支能够胜任传统文化教育的杰出教师团队

教育工作者作为文化知识的创作者及推广者，他们对于教育起着至关重要的作用。除了解答学生的疑问之外，教师还需承担向其传达价值观的责任。他们需要不仅仅只是把中国优良的历史遗产传授给下一代，更应该通过自身的行动去引导和感染学生。一个优秀的教师必须既能够用语言来教学，同时也应身体力行，这说明了一个优秀的教师是可以继承和发扬我国优秀文化的。

（四）建立学校文化气氛，激发高等职业教育学生的自我觉醒

吸收优秀的中华文明的关键在于将其融入我们的每日行为和生活方式之中，如此我们方能从中学有所得并增强生命价值感。对高等职业学院的

学生实施中国古典文化的教学仅是传播这一伟大传统的初始步骤而已——唯有真正实践这些智慧，并在每一个行动上体现出来才能够实现这个目标。所以对于吸取精华的中国文化和思想来说，关键是要激发学生的自我觉察能力让他们逐渐适应这种思维模式。为了激活他们的自主思考精神，学校必须创造出有利于他们成长的环境：比如可以在学校的公共区域展示一些古人名句或图像，来启发人们的想象力与灵感和欣赏美学艺术品位的能力等等。此外还可以举办诗歌创作竞赛，或者组织关于经典文学作品的学习小组，以促进师生之间的交流互动及合作研究的精神风貌的发展。同时也可以定期安排由相关领域的学者们所主讲的高级课程或是研讨会，以此为契机向同学们介绍更多的先进技术理念，从而进一步丰富同学们的理论体系结构使之更加完善充实起来。总而言之，就是要在各个方面全面地加强大学生群体中的民族自豪感的培养工作，以便他们在内心深处产生强烈的责任担当，并且在外部表现形式上面也能做到知行合一致远求近不断进步！

"文化是我们民族的灵魂与精神寄托之地。"我们每个人都有责任和义务去延续并发扬我们的中华文明传统。对于高职教育来说，尤其需要承担其时代的职责，即保护及推广我国优秀的历史遗产，以此来培育更多具备道德品质和技能的人才。

二、现代优秀企业文化的融入

高等职业技术的教育宗旨在于培育能胜任生产、建筑、经营及服务的初始岗位上的高级技能实用专才。这个教育目的明确地展示出了其职业特征，并揭示了高等职业技术教育与当前社会的就业需要之间紧密的关系，因此强化高等职业技术学院学生的企业文化和教学的重要性与紧迫性就显得尤为重要。那么，高等职业技术学校应该怎样深入发掘和利用当代企业的优质文化来提升高等职业技术毕业生的专业素养呢？寻找并将当代企业的优良文化融合到高等职业技术学校的教育教学中去的方法和措施，这对培养符合现代化企业和社会所需的高级专业技术人员具有深远的影响力。

（一）将现代企业的卓越文化融入高等职业教育中的重要性

现代企业文化是指企业在生产、经营、管理过程中逐步形成与发展的，为员工所认同和遵循的物质文化、制度文化和精神文化的总和，其核心是企业的精神文化。企业精神文化是一个企业的精神、理念、价值观、思维方式、道德准则行为规范等的集中体现。高职院校必须要针对现代企业文化赋予员工的核心要求来开展人才培养工作，这样才能真正实现学校与企业对人才培养目标要求的"无缝对接"，培育出受企业欢迎的高素质高职人才。

1. 高素质高职人才培养的需要

经过追踪调查及向雇主公司收集的数据分析后得知，一些高等职业技术学院过于重视技术能力的提升，却忽视了职场伦理规范和个人品质的教育工作，这导致他们培育出的高级技工无法符合企业的期望并被其拒绝录用。引入优质公司的文化和精神到高校的人才培训过程中，可以有效指导大学生的自我管理能力和社会责任感的发展；同时也能让他们理解如何平衡个体利益和他人的权益，学会公平公正参与竞赛或协同作业等等重要概念。这样一来不仅能提高他们的品德修养，还能塑造出更具社会适应性的未来工作者。总而言之，把反映当前行业对于人才核心的要求（如团结互助的精神）带入大学的教学体系是必要的举措：它既可解决就业问题，又能在一定程度上加强学校关于人文关怀和人道主义教育的力度以促进高质量人员的产生。

2. 增强学生就业竞争力的需要

当前，一些高等职业技术学院未能提供足够的现代公司优秀的文化教育，这使得他们的应届毕业生在职场态度、生活信念和价值观等方面的理解与雇主所需的人才需求存在差距。一旦他们进入职位并开始接受公司的文化和环境，他们在工作的技巧、专业的知识和实践的能力方面可能完全符合职务的要求，但在企业的价值观、管理的思想、组织结构和团队协作等方面却无法适应。所以，强化高等职业技术学院的企业优质文化的教学可以帮助学生准确把握积极进取、勤奋服务、实事求是和创造性的现代化商业精神及价值观，激发他们根据自己的实际情况制定职业发展的计划和生活目标，致力于增强学生的全面素养、职业水平和职位适配度，进而提高高等职业技术毕业生的就业竞争优势。

3. 高职院校园文化内涵建设的需要

高职教育人才培养目标和人才培养模式的性质决定了其带有鲜明的职业特征。因此，高职院校就必须根据人才培养的目标要求，着力研究现代企业对高素质人才培养的要求，研究企业优秀文化与高职院校校园文化建设之间的有机联系，努力营造与企业人才需求相适应的校园文化育人氛围，以满足现代企业对人才素质的要求。"工学结合、校企合作"是高职教育人才培养的必由之路，将校园文化与企业文化相互渗透、相互交融是高职院校校园文化建设的重要主题。高职院校在校园文化建设中融入企业文化的成分，吸收企业优秀文化理念中有价值的元素，丰富、拓展校园文化建设的内容，营造与现代企业对人才要求相适应的高职教育校园文化育人氛围，是高职院校彰显职业教育特色、深化校园文化内涵建设的需要，更是高素质高职人才培养的需要。

4. 高职院校人才培养可持续发展的需要

推动基于就业导向的教育改革，优化学校——企业的联合教学及实践型人才培育体系，对于提升高等职业教育品质并塑造其独特优势至关重要。高等职业学院的学生是否能满足未来的工作需求，他们的工作态度和习惯如何符合公司的价值观，这对他们的职业生涯和生活成功具有重大意义。所以，我们需要专注于理解当前公司对高质量员工的需求，探索企业文化和高校实行学生综合素养教育之间的紧密关联，从新的视角去分析企业文化给高等职业教育带来的要求，以此来培养受到雇主和社会认可的高水平职业技术人员，进而促进高等职业教育的持续进步。

(二)高职院校人才培养的中心内容，是现代企业文化所带来的

公司间的角逐主要取决于人力资本的较量，但其核心本质在于公司的文化实力之争。优秀的当代公司文化和教育能为员工带来更大的职责感，这对于高等职业学院的学生来说尤为重要，因为他们将来可能成为这些企业的雇员。在校期间就能体验到这种企业文化带来的义务感和标准，无疑会让他们更有针对性地自我提升和进步。根据我们对公司及高等职业学校毕业学生的追踪研究结果显示，当前优质的企业文化对高级技术人员的主要需求包括：

1. 强化敬业精神和责任意识的培育

对于现今的企业来说，具备高度的专业素养与强烈的责任感被视为选取人才的关键标准。这些品质不仅能确保公司在充满挑战的市场环境下保持竞争力并实现成功，也是其持续发展的关键因素。优秀的企业文化始终把专业的态度和负有责任的精神放在首位来选拔人员。所以，我们需要在高等职业技术学院的人才教育过程中加强这种理念的教育。

2. 强化团队合作精神的培育

公司对培养并塑造团队精神及合作理念非常看重，公司的胜利并非仅依赖于个别成员的独立努力，而是在所有员工齐心协力、携手前进的基础上取得的成果。"无完美个体，唯有卓越团队"已经成了许多公司共享的企业价值观，在这个观念影响之下，是否有优秀的团队协作能力被视为挑选优秀员工的一个关键因素。

3. 强化制度和规则意识的培育

对于当今的企业发展来说，有效的科学管理至关重要，尤其是关于制度建设的实施和贯彻。通过严谨且规范化的制度管理方式（例如设定明确的目标、实时跟踪进程并实行 7S 管理等）及生产流程，可以提升企业的品牌形象、商品品质和市场竞争能力。具备优秀的制度规则认知度和执行力被视为企业对员工职业素养的基本需求。

4. 强化职业道德和职业素质的培育

对于现代公司来说，挑选员工时最优先考虑的是他们的职业道德与素养，这也是优质企业文化的核心理念之一。通过研究企业对高级技术人员能力的需求，我们发现在许多情况下，他们并不急于评估求职者的专业知识或技巧，反而更加重视他们的道德修养、职业操守及勤奋工作的态度。这表明，高等职业技术学院的学生党员和杰出毕业生往往能快速获得雇主的青睐，这是因为他们在毕业前就展现出了卓越的思维品质和全面的能力。

5. 强化学习进取意识的培育

现今的企业不仅仅重视学生的学业表现，也对他们的"学习和发展的潜力"给予了高度关注。他们明白，拥有这种潜在的学习与成长能力及积极向上的精神对于企业的长期利益来说具有巨大的贡献。

6. 强化实践创新能力的培育

当今公司不只注重专业知识和技术的运用，更看重毕业生的实践创新能力以及他们的思考能力、实践勇气和解决问题的能力。大部分企业都认为，人才的实践创新能力是推动公司持续发展的最主要驱动力。

（三）将现代企业的卓越文化融入高等职业学院人才培养中的实施方案

1. 深化"工学结合、校企合作"高职教育人才培养模式改革

持续推进"工作与学业相结合及学校——公司协作的高级技术人员培训方式变革"，利用"实践中学习的课程安排"，"根据公司的需求定制的学生训练计划""以产业为主导的教育者联合班级创建的方式来实现教育的现代化发展，"等方式可以有效促进高级技师的人才培育过程中，学员对先进的企业文化和价值观的学习吸收能力提升到新的高度。这使得学员能频繁接触实际的工作环境，去体验优秀的工作人员所具备的专业态度如勤奋刻苦的精神风貌；他们也能亲身体验企业的优质理念及其深层含意并且逐步将其转化为自身的行为准则以此增强自己的整体能力和专业的技能以便于未来事业发展的顺利开展打下扎实的基石。

2. 加强校企融合、专兼结合的师资队伍建设

对于高等职业技术教育的核心任务是提升"双师型"教职工团队的质量，这同时也搭建了把优质的企业文化融合进高等职业技术教育的人才培育过程中的通道。首先，邀请公司内的专家与技艺精湛者来学校做兼职讲师，不仅可以教授学生理论知识和实际操作技巧，还能将公司的卓越品质、职业伦理及职业素养等内容带入教学中，从而推动符合现代化企业需求的高级技术人员的发展。其次，设立高校的专业老师和辅导员去企业或雇主单位参与项目实践、培训课程和工作实习计划，以此增强他们的专业技术水平和实战经验，同时也能让其接触并体验企业文化的价值观和职业精神，更深层次地理解雇主们对高级职业技术人员的能力和素质的需求，并且将其应用于高等职业技术学院的教育训练全过程中。

3. 营造校园企业文化育人氛围

（1）公司文化的塑造对人的成长至关重要。高等专科学校应该把当代优秀的商业文化元素整合到学校的文化构建中去，全面打造具有高等职业技术特点的校园文化环境。例如，在学校制定口号、行为准则、教学风格及学习态度的过程中，有意识地结合了当前先进的企业文化要素，突显时代的特性和职业的精神，从而无声无息地培养大学生的职业操守与职业能力；用知名企业的名称来命名校园内的建筑物（如大楼、大厅、图书馆、实验室、街道或教室）也是一种很好的方式；此外，还可以通过设置展示著名企业家和卓越校友成就的展板和激励性的警示语，创造独特的校园职业文化环境，让大学生们自然而然地接触并吸收优质的企业文化知识。

（2）公司治理理念塑造人才。我们有目的的从优秀的公司的经营策略中学习并应用到我们的教学环境里，重点关注员工的职业伦理与技能提升，强化对诚实守信、勤奋工作、团结协作的精神培育，以此建立起学生的良好职业操守及行为准则。此外，我们也把当代的企业运营体系融入了学生的学习生活当中，采用类似于工厂生产的管理方式安排在校内的实习训练（例如实施 7S 管理法），利用企业项目导向、流程监督和目标控制的管理方

法，去指导班组、学生团体、社会服务志愿者的活动，并且借用公司的管理规则和经验，从而增强高等职业技术学院的学生学习和生活效果。

（3）公司的制度文化对人才进行培养。将公司严谨规范的管理方式融入学生行为规范教育中。例如，通过模仿公司管理的"班组长负责制"来推行教育方式，并创建了《学生考试诚实保证书》及《顶岗实习安全保障协议》等文件，以此把公司的竞争力观念、职责感思维以及团体协作融入班级的管理当中，从而构建出一种强烈的企业管理环境；同时，我们也采用符合公司标准的实践管理规则，实现细致化的操作，增强规章制度的执行力度；此外，我们还从优秀企业的现代化观点出发，对学生的管理工作进行了严谨的要求和标准化处理，但同时也注重人性化的培育，挖掘他们的潜力，塑造他们优良的工作态度和工作行为的习惯。

（4）公司特有的文化和教育方式塑造了员工。我们组织了一场名为"大学生实践创新大赛"的活动，该赛事是由公司命名且设有公司的奖励基金；此外，我们也邀请到了专业的技师作为导师和评审团成员，以此来创造出一种学习技巧和锻炼技能的工作环境，从而提升我们的高等职业技术学院的学生们对于高质量和高效益的认识，同时也增强他们的实践创新思维。与此同时，我们还积极地参与到一系列多元化且富有创意的企业文化活动中去，比如举行"大学生职业形象设计比赛""职业生涯规划赛""模拟招聘综合素质展示赛"等等，这些活动的评审团队中也包含有来自公司的领导者，他们从公司的角度出发，全面评估学生的思想品质、职业操守、工作能力和协作精神，让学生能够真切体会到现代公司对于高级技术人员的素质和能力的期望，进而推动学生整体素质的发展。

高级职业技术培训课程拥有显著的专业特性并紧密关联于当今企业的需求中。为了适应社会对于高质量技术人员的需要并且符合当前公司及社会的期望值，我们必须持续深入地推进"理论学习＋实际操作相结合"，"学校—工厂联合教学方式"的人才培育策略调整优化；同时寻找新的方法来把反映了当代公司的核心理念，即优秀的文化和价值观融合到我们的教育教学过程中去,从而塑造出那些既有扎实的技术基础,又有良好的行业操守和人格品质的人员出来,以此达到为现行市场经济体系提供所需优质专业技术人员的效果。

三、培育具有高职院校特点的校园文化

要努力营造展示学生学习成就的才艺、技能文化,组织开展技能比赛、操作比赛、职业生涯设计大赛、创业设计大赛等赛事,让学生的技能和才艺得到施展;要大力营造职场环境文化,在校内实训基地、教学做一体化场所营造与企业真实生产相一致的工作和生产环境,让学生体会职场氛围;要丰富学生社团文化,提高学生的人文素养、科技素养、团队合作意识,增强学生的综合素质和社会交往活动能力;要着力培育校企合作文化,让全体教师增强校企合作的意识,提高校企合作的能力,把高职院校校企合作的文化融入每位教师的血液中,体现在人才培养工作的全过程。

(一) 高职校园文化现状

尽管中国的高等职业技术学院起步较晚并展现出强大的活力,但其在学校文化的构建上却缺乏深厚的历史根基与实质性的积累沉淀。许多管理人员及教师并未充分意识到学校文化和教学的重要性及其重要作用;他们常常只关注于教授学生实际的专业技巧或基础学科内容,忽略掉对于学生的精神培养这一环节。有些高级技术学府仅将其视为设立几个标志物或者书写些宣传词语的过程而已,甚至有少数人还选择从其他类型的知名大学的经验去复制它们的办学策略,也有少量机构则选择了精炼化处理方式:仅仅是沿用了之前中等专科学校的校风传统作为新的起点重新塑造自己的特色风格。

这些现象的存在,一方面是学校领导层对高职校园文化的重视程度不一,对校园文化的作用认识不够,对校园文化的理解停留在较低层次;另一方面,说明对校园文化缺乏系统的规划和理论指导,存在急于求成的心态,对学校定位不够清晰,特色不明显。校园文化的深度、厚度与广度是

一所院校的灵魂，缺少了灵魂，也就必然会缺少发展的推动力和后劲。针对目前高职院校存在的特色模糊、封闭办学、校园文化趋同等问题，我们高职人需要重新审视校园文化，充分认识高职校园文化传承与创新的现实意义。

（二）高职校园文化定位

高职院校作为高等教育的有机组成部分，首先是高等教育，其次才是职业教育。所以，高职校园文化建设应紧紧围绕高职教育的办学理念、理想追求、办学目标和办学条件，而各显其能，各展其"特"，应体现出职业特征、职业理想、职业道德、职业技能、职业态度、职业人文素质等特点。另外，要吸收企业文化、区域文化、品牌文化的特点，始终把学生能学得的一技之长、服务社会的价值理念作为核心价值，突出利于技能人才成长的实践教学环境设计和良好职业环境氛围的营造。因此，高职校园文化建设应定位为以"以人为本"为核心价值，以全体师生为主体，以创造浓厚的学术氛围、人文氛围为基础，以提高学生思想道德素质、人文素质、身心素质、专业技能素质为目标，通过环境育人、管理育人服务育人、网络育人，形成促人奋进的学校精神，促进学校全面的、可持续发展的和谐校园文化建设。

（三）高职校文化传承

大部分的高等职业学院是由中等专科学校或者成人教育机构提升或改革而来，它们通常具有深厚的历史背景及丰富的文化沉淀。许多高等职业学院继承了其优良的教育传统，融合了自己的特性，并将时代的元素融入新颖的校园文化中，迅速形成了独特的校园精神，为教职工与学生们树立了一个共享的价值观和奋斗的目标。然而，在这种传统的延续过程中，我们也发现了一些问题，比如多元的精神文化导致文化再造变得困难，物质文化缺少深度，制度文化存在优劣参差的现象等等。因此，对于高等职业学院来说，他们需要基于对优秀大学校园文化建设的深入了解去制定发展策略，学习并且吸收大学的校园文化核心价值和特征，同时根据自己学校的定位和教学方式去发展和创新，如此一来才能够精准地找到适合自己的道路，打造出属于高等职业学院的独特校园文化。

1. 突出特色，塑造校园精神

特色是校园文化的生命，校园文化是特色学校的重要方面。首先，高职院校应继承以前院校优良办学传统，重塑校园精神。校园精神是全校师生员工在共同努力奋斗中形成的独特气质，它看不见，摸不着，却像血液一样渗透在学校组织之中，成为学校生命的活力源泉。高职高专院校应从本校实际出发，立足时代要求，融入新的时代精神，确立学校发展方向、目标和定位，努力形成全体师生员工共同的理想、信念、追求和价值取向。其次，继承优良传统，建设校园物质文化。新建高职高专院校应在原校园建设历史发展的基础上，展望未来，根据时代发展的需要规划校园文化发展的前景。各校地域不同，校情各异，要根据当地条件，扬长避短，注重体现当地建筑的民俗风情和办学理念，把优秀的民族文化融于现代文明之中。

2. 突出人文，注重品位

凸显人文精神是时代的潮流。人文精神蕴含着这样一种含义，即每个正常人都有着求真、趋善、向美的欲望和能力，学校教育正是培养人真善美的品德。在社会竞争激烈的今天，人文素质在竞争中居于越来越重要的地位。因此，加强素质教育，呼唤人文精神，是高职高专校园文化创新的重要内容。首先，高职院校应在教学计划中安排一定比例的中国传统文化教育课、思政课（即文史哲课），使高职高专生的情感世界得到丰富和发展，能用全面和发展的眼光去看待社会进步和自身的未来，促进创新精神的形成和创造能力的提高。其次，学院应逐步完善文化设施建设，通过精巧、和谐的设计，让校园的一草一木、一砖一石都可成为知识的载体，配以校训、校风的展示，使校园真正成为师生陶冶性情与修身养德的花园、乐园和学园，增强校园的人文含量。最后，校园制度的建设要体现以人为本的思想，重视教育管理的人文意蕴，把教育人、塑造人，同尊重人、理解人有机地结合起来，使制度真正转化为各成员不可抗拒的、内在的自觉行为，促使学院的运转得到最有效的发挥。

3. 注重统一，构建和谐

如今，建立和谐的校园已成为教育界的目标，这不仅是一个文化建设的任务，更是一项对优质教学资源的综合利用。这些资源包含了优良的校风、前沿的教育思想、严格的研究方式、积极的社会口碑等等。通过这样的融合，我们可以塑造学生的自我尊重、自信心、自律意识及诚实务实的价值观念，并打造独具特色且和谐的校园文化。对于高等职业学院来说，他们需要关注的是如何让他们的文化和学校的精神保持一致。只有在学校内部有明确的规定、良好的人际关系、优雅的环境和人文气息中，学生们才能逐渐养成崇高的人文素养和浓郁的学习研究气氛。

4. 以就业为导向，融进职业文化元素

高职院校的校园文化应体现职业教育特色，是教育文化与职业文化的融合。因此，高职高专院校校园文化创新应该以就业为导向，加强与企业文化相融合和对接。首先，根据社会对人才的需求，有针对性地设置和调整专业；结合企业的生产、经营和管理模式，选择教材和改进教学方法；按照企业的实际运行模式加大实训室的建设，使学生在模拟的企业环境中感受到企业管理和企业文化。其次，通过"产教结合""校企合作""订单培养"等形式，提倡教师、学生到企业顶岗实习，参与企业的生产经营实践；将企业一线人员充实到学校教师队伍中，参与实训教学；广泛开展与企业用人单位的交流，使师生真正感受到企业文化的氛围，从而产生对企业文化的认同感，让学生开阔眼界，认识社会，接受良好的就业引导和职业意识的熏陶，保证学生毕业后能够较快适应企业的文化氛围，顺利完成从学生角色到企业员工角色的转换。

（四）高职校园文化的创新

高职院校作为高等教育不可或缺的一个组成部分，其校园文化建设对于高职教育的发展，起着举足轻重的作用。所以，高职校园文化建设，必须在"高"和"职"上做好做足文章，应该结合自己的办学目标和办学条件，紧紧围绕高职教育的办学理论和理想追求，进行创新，从而形成自己

鲜明的特色。

高职校园文化创新，要注重在继承"高"的基础上创新，要注重在发扬"职"的个性上创新，更要注重在精神文化、物质文化、制度文化方面进行创新。高职校园的精神文化、物质文化、制度文化，三者相互联系，相互渗透，形成了高职校园文化不可分割的有机体。

1. 高职校园精神文化的创新

核心要素在于高等教育的学校文化的精髓——精神文化，它是构建学校的终极目的，同时又是其基本起点。随着时间的推移，高等职业教育的形式也在不断地变化与进步，其中最具有影响力、无法触摸的精神品质得到了很好的传承并且持续更新。为了在学校的发展过程中逐渐提炼出能指导学校前进方向、展示学校特性和理念、表现学校风格和形象的风气和校训，我们需要在教学实践中不断探索。

一是办学理念创新。办学理念是校园精神文化的核心，因而，高职校园精神文化创新，首先要从办学理论创新着手。办学理念，是对"为什么办学，办什么学，如何办学"的最为高度的提炼。高职教育的发展不同于本科院校，高职院校所培养的是高等技术应用型人才，关键在于"技术"和"应用"，因此，突出技术教育的特点，强调以应用为主的办学思想，是高职院校办学理念的根本所在。例如，黑龙江农业工程职业学院通过对学院的文化底蕴与内涵的深刻挖掘、提炼和梳理，对学院精神、校训、校风等进行凝练升华，对学院定位、办学特色、办学理念等治校方略进行研讨总结，诠释和固化，提出了"立足黑龙江，围绕内涵发展建示范"的建设思路，确定了"没有爱就没有教育，没有责任就办不好教育"的育人理念，明确了"围绕地方经济和产业发展，以服务求支持，以质量求生存以特色求发展"的专业建设思路，十分清楚地点明了办学宗旨和目标，突出了"技术"与"应用"特色。培养出"专业有特长，就业有优势，创业有能力，提高有基础，发展有空间"的高等技术应用型人才，为哈尔滨，为黑龙江省，乃至为全国，提供强大的应用技术人才支持和科技服务。

第三章　默会知识及其相关的教学策略

二是在高等职业教育领域，我们需要对校园的精神文化做出新的贡献。这种新颖性的主要表现形式是通过创造一种新型的校园文化氛围来实现。对于大学生的学习生涯来说，他们面临着三大挑战：掌握知识和技巧，塑造个性，培养良好的生活习惯。前两项任务主要是由老师教授并让学生学习的部分，而第三个任务则不能仅依靠老师的授课方式来达成，它更多地依赖于在学校营造出的良好的人文环境。这就是所谓的"育人"的环境，也就是指的是大学的校园文化氛围。因此，高等职业学院应把校园文化的发展融入教育的各个环节之中，包括校舍的设计规划，校园景致的打造，师生的行为准则等等，无论何时何处都应当充满人文色彩。

2. 高职校园物质文化创新

校园物质文化，是校园显性文化。它既是构建校园文化的物质基础，也是校园的精神文化活动的物质载体，主要包括校园建筑、花草树木、壁画雕塑、教研设备、资料图书等。高职校园物质文化创新，要把"处处体现职教特色"放在首位。在校园环境文化创建上，可以用学校历史名人命名教学楼、广场等，赋予学校广场、道路、园林以文化灵魂，传递着学校历史文化的信息。高职校园物质文化创新，要体现高职院校特色的文化印迹。可以开展校史展馆文化，把学校历史积淀、办学传统、历史事件、仁人志士、优秀人物，通过文字、影像、实物等形式展现出来。例如，黑龙江农业工程职业学院在校园物质文化建设上，立农机模范人物梁军的雕塑，用体现北大荒精神的词语为楼宇命名，宣传有农工特色的实训文化等，营造出有农工特色的校园文化，实现外化于行。高职校园物质文化创新要充分发挥全院师生员工在校园文化建设中的积极性、主动性和创造性，切忌统一模式，千人一面千篇一律的现象，校园文化建设恰恰是一项不能过分统一、完全一致的工作，统一则没有活力，一致则没有特色。

3. 高职校园制度文化创新

没有规则就没有办法构建完美的形状或结构。校规不仅是教师与学生的行动指南，也是维持大学内部运作的基本要素；它对于维护正常的学生活动至关重要且无法替代的部分——它是构成高校文化和形态的核心元素之一。对传统文化的学习引导离不开这些规定性的存在。实际上，制定并执行相关政策的过程是一个塑造及巩固个人道德规范的行为模式转变阶段，这同样是一种传统习俗的发展演变方式。

总之，高职校园文化创新，要立足高等教育体现"高"，立足职业教育突出"职"，在继承优良传统和普通高校优秀校园文化的基础上，构建独特的、充满意蕴和活力的校园文化氛围和体系，以特色鲜明的校园文化，有力推动高职院校的发展，进而实现高职教育的长足进步。高等职业教育的发展为社会经济的发展起到了至关重要的推动作用，而高职院校校园文化建设与发展必将对社会文明、人类进步起到强有力的促进作用。

第三节 转变人才培养模式

当前，伴随着中国社会的快速经济转型，我们已经步入了一个增长迅速的发展轨道。随着高等教育的普及化趋势逐渐增强，大学们正面对着"调整结构""提高品质""促进发展"等重大压力。作为高等教育的关键元素之一，职业学院被视为是培育高级技术人员的实践场地，肩负起"为中国的经济成长和社会进步提供人力资源、推动劳动者转换与人力资源转化为人才资产、直接向社会供应实用型的技工人员"的责任。所以，研究学校的培训方式对提升教学效果有着深远的理论和实际价值。

一、高职院校深化人才培养改革思路

（一）坚持以科学发展观为指导

高职院校人才培养工作改革应主动适应经济发展方式转变和产业优化升级的要求，坚持以服务为宗旨，以就业为导向，走产教融合的发展道路；

同时以提高质量为核心，以示范建设为引领，创新体制机制，大力推进合作办学、合作育人、合作就业、合作发展，突出人才培养的针对性、灵活性和开放性，增强办学活力，丰富办学特色，全面提升高职院校办学水平，不断提高服务经济社会发展能力。

（二）坚持立德树人的基本导向

为了推动高等职业学校的人才培育任务的革新进程，并完全落实党对教育的指导原则，我们需要强化对于中国特色社会主义价值观的教育力度；同时要确立以学生的整体素质提升为中心的目标观念，强调道德修养的重要性优先于知识学习与技能掌握的原则，并且倡导全方位的发展观来适应时代的变迁及青少年心理生理发育的特点去，找一种实际有效的塑造品格的方法论框架。要坚持把"教书"同"育人"结合起来作为根本方向的同时，还要努力创造有利于多元化的个人特质形成的环境条件和社会制度安排，以便让高校能够展现其独特的风采，并在竞争中脱颖而，出从而助力大学生实现全方位的进步和生活质量提高。

（三）坚持政府主导和社会参与相结合

在高职院校人才培养工作改革中要正确处理好政府主导、学校主体和社会参与的关系，进一步强化政府责任，统筹规划，健全多渠道筹集办学经费的体制和必要的行政支持；同时，充分运用法规、政策、项目、标准、评估、资源配置等手段，引导和调动行业企业及社会力量共同支持高职教育发展，并深化产教融合、校企合作等，共同培养高素质劳动者和技能型人才。

（四）坚守创新机制与提升人才培养品质的并行原则

高职院校人才培养工作改革要以体制机制创新作为发展的强大动力，以优化政策环境作为发展的重要保障，以基础能力建设和特色发展为重点，全面提高人才培养质量，建设与社会主义市场经济体制相适应的充满活力的高等职业教育；还要更新教育观念，理顺结构体系，创新培养模式，加强能力建设，推动内涵发展，创新高职院校人才培养机制。

二、高职院校深化人才培养改革举措

（一）提升特色专业的发展，增强其竞争力

为了适应地区经济发展及社会需求的变化，高等职业教育机构应致力于优化其人才培育策略。他们应该设定"被行业领导者接受、受雇主欢迎并得到学生的认同"的目标，采取三步走的方式：首先确定榜样标准，其次明晰关键点，最后制定具体措施。这样可以充分利用各种资源来推动更深层次的专业改良，创造新的育人方式。此外，还需探讨如何深入地融入生产与教育的结合，强化学生的实践技能和创新思维能力，从而增强人才培训的效果和质量，塑造具备高校特质的高品质专长领域。聚焦于优秀专长的构建，基于该领域的实际情况和特性，确立建设目标，把基础建设和核心建设相互配合，编写出详细的计划书。依据此规划，调动所有相关方的积极性和优点，共同执行各个建设的任务，以此作为引导，促进全系学科的进步，使得学科布局更为科学，优势和特征愈发显著。充分发挥优质专长的示范影响，每项优选专长都应当特别关注一到两个相对薄弱的学科，拟定支持行动计划，对这些学科做全面调查研究和分析，提出人才培养建议，设计课程体系，改善实验环境，组织教师研讨等，从总体上提升学科建构水准，达到规模、质量、构造、收益的平衡发展。

（三）加强教育团队的构建，增强教师的全面素质

高职院校在深化人才培养工作改革中要以培养教师教学能力、教研能力和合作能力为重点，以课程建设为切入点，加快优秀教学人才培养，提升学院师资队伍整体素质，从根本上提高专业建设和人才培养水平。要以课程或课程群为主线，深化教学团队建设，以核心课程教学团队建设为重点，强化教学团队对教学资源的配置；深化课程内容改革，加强教学资源建设，加强教学论学习和教学法研讨，切实提高团队教师教学能力、教研能力；建立教师发展中心，通过个性化服务和交流，引导教师全面发展；健全教师教学、实践能力的培养与考核体系，组织企业技术能手、兄弟院

校同行和学校实践能力较强的教师共同组建实践能力考核专家组,健全考核规则;提升专业导师的专业核心岗位开发能力,推动建立差异化、开放性的专业岗位体系和以就业岗位为导向的专业课程体系。

(三)整合所有资源,推动杰出人才的培养

为了推进高等职业技术学院的人才教育变革进程,我们需要把专业的指导制度视为主导的教育方法来实施,并将其聚焦于提高学生的职场素养与专业技术运用上。我们的目标是创建卓越的学生培训系统,以此为主线对全校范围内的所有课程做出调整及完善。在此基础上,我们将继续研究如何更好地训练优秀的人才的方法论及其管理体制。此外,我们要努力改进学习的主题设置,增强实际操作技巧的学习力度,激发创造力,并且尊重个体的差异化成长需求等等方面的工作都是我们在致力于打造一流高校优质领导者所必须做的任务之一。与此同时,我们也应该积极地推广关于这方面的信息,以便在学校内部形成一种良好的环境去支持领导者的发展壮大。另外一方面就是要加强大学生的科技创新意识形态的研究探讨活动,推动他们申请发明权的行为习惯养成,加强对各种爱好团体或者特殊才能团队在这项工作中发挥的作用的支持度,也是非常重要的环节所在。最后一点就是要集中精力投入到那些被认为是最具潜力成为未来领袖的人群身上,让他们有机会接受更高级别的挑战,从而不断磨炼自己使其更加完美无缺才是最关键的一步!

(四)加强校企合作,促进产教融合协同创新

高职院校在深化人才培养工作改革中,要立足区域产业结构转型与社会发展,以人才需求为导向,以体制、机制建设为抓手,以推进大企业、重点企业合作为重点,充分发挥二级学院校企合作的主观能动性,着力拓展合作新领域、打造合作新平台,实现专业建设、产业发展、人才培养、社会服务的良性互动;要着力完善校企合作体制机制,围绕区域产业链建设,与龙头企业建立多元化合作关系,通过共建双主体学院、技术研(开)发中心、实训基地等,实现专业设置对接重点产业、课程内容对接职业岗

位、教学过程对接生产过程；进一步强化二级学院的主体作用，健全二级校企合作体制机制，积极组建"双栖"团队。同时，充分利用高新区、科教城等社区优质资源，联合开展科研攻关和技术服务；积极引进高水平科技创新团队和领军人物，打造科技创新与服务实力；健全科技协同创新机制，建立成果转化平台，促进教师科技创新能力提升与成果转化。

（五）强化人才培养，优化教师团队结构

高等职业教育机构应依据科学的发展观念来推动其教育教学改革进程，并坚信教员是高校业务进步的关键因素。他们需根据学校的学科建设、授课及研究社会服务的实际需求，秉持着需求驱动的原则，注重选拔有才能且品行优良的人选，同时考虑整体布局和均衡配比。此外，还须内外结合地实施招聘策略，致力于构建一支具备优秀技能和良好品质的专业团队。必须把教员视为大学成长的核心动力源泉，持续深入推进人力资源管理体制改革，充分利用该体系对于人力的有效调动和激发功能。与此同时，我们还需要大力提升博士生导师和专业技术领域的领导者的培训和招募水平，强化全职讲师的数量和实力。另外，我们也应该尝试采用多种途径去引入各类人才，比如建立专门的工作室、颁发荣誉头衔或聘用兼职教授等方式，以此来吸纳更多的顶级精英加入我们的团队。

（六）提升人才培养的质量，需要改进质量保障系统

高职院校在深化人才培养工作改革中，要以适应教育部新一轮评估为重点，以制度建设为抓手，通过调整、建立和完善相关机制、标准，提升人才培养评估的科学化、规范化水平；面对新一轮评估要求，进一步完善和优化高职院校质量保障体系建设，优化专业评估办法，建立专业预警与动态调整机制，完善治理执行、监督评价结构和质量标准体系。同时，要研究制订学校、二级学院（部）教研室三级教学质量监控体系的具体实施办法，进一步明确教学质量监控的内容、三级教学质量监控组织具体职能、教学质量监控体系运行方式、教学质量监控体系的保障制度等，切实发挥质量保障体系的作用；要优化评估方式，整合招生、就业等相关核心指标，

研究建立一套客观、量化的专业评估综合指标体系，以此为基础，建立对各专业运行情况的预警与动态调整机制，健全督导工作体系，实现督导工作常态化、专业化。

（七）推进教育改革，增强就业水平和竞争力

高职院校在深化人才培养工作改革中，要以机制创新为动力，以渠道和载体建设为抓手，着力扩大学校影响力，深化招生制度改革，不断提高生源质量，推动实现多元化办学，提高学生创业能力和就业竞争力；要认真总结工作经验，充分借鉴国际国内有益做法，不断完善考试科目、内容、方式和录取办法，提高高等职业教育人才选拔的科学性。同时，进一步完善现有自主单招机制和免试推荐生机制；积极拓展生源渠道，扩大招生种类，探索开展面向企业、退伍转业军人和新生代农民工招生，实现多元化办学；建立专业招生、就业协同评价机制与动态调整机制，并不断创新学生创业就业指导与服务机制，提升高职学生就业质量与就业竞争力。

第四章 "互联网+"时代职业教育新路径

随着现代教育技术的进步,它为我们对职业教育的改革和创新提供了一条全新的道路。基于MOOCs(大规模开放在线课程)和微课程的反向学习模式为明确信息的传递创造了新型的空间环境和科技工具,同时也赋予我们实施以学生为主导的教育方式的可能性。在本节中,我们将重点关注职业教育的教学内容,阐述关于MOOCs、微课程及反向学习的最新理论、进展及其应用方法,同时针对相关的实践问题展开讨论,寻求"互联网+"时代下明确信息教学改革和创新的路径。

第一节 慕课

一、慕课的产生与发展

英国的两名教育专家——戴夫科米尔与布赖恩亚历山大于2008年首度明确提出"Moodles",这是他们基于互联网教育的革新理念所创造的新词汇。那时,由阿萨巴斯卡大学科技促进智慧机构的高级主管兼主任George Siemens和Stephen Downes共同策划的一项名为"Associative learning and associated knowledge"的线上课堂项目正在运行中。这个项目的目标是让全球超过两千三百名的学员能够获得相关学科的成绩单及证书;与此同时,该项目也吸引到了二十五位愿意支付学费的学生参与其中。每周末都会有一个新的课题被设定出来并且附带相关的教材供大家参考使用。所有这些资料都可以通过 RSS 系统来接收更新信息。之后的一年里，Siemens 和 Downes 又创建了一个叫 PI-Ekn（personal learning environment networks &knowledge）的项目进一步拓展他们的实验范围。很快地，许多知名高校的教育工作者们纷纷效仿这样的模式去开发自己的课程体系。2011 年底，斯坦福大学试探性地将 3 门课程免费发布到网上，其中一门包括吴恩达教授的"机器学习"，超过 10 万名来自世界各地的学生注册了这门课。网络学习者对这种试探性课程的广泛认可和参与，促使达芙妮科勒和吴恩达共同创办了 Coursera 慕课平台。

对于 MOOCs（大规模开放在线课程）的理解，可以将其描述为："一类由来自不同地区的学生共同学习并共享资源的课程"。它被视为是一种公开且自由的教学方式，随着学生数量的增加，其表现也会更加出色。这个概念始于 2012 年，这一年标志着 Udacity、Coursera、edX 和 Udcmy 等知名 MOOC 平台的出现，同时吸引了众多国内外大学的积极响应。如今，全球范围内提供的大量免费 MOOC 课程已经超过了几千种，其中包括 Coursera、edX 等主导平台上发布的约两千四百个项目。在中国，各大院校正与这些知名的 MOOC 平台签订合作协议，如中国大学 MOOC、学堂在线、华文 MOOC 等等，它们正在努力推动国内 MOOC 平台的发展进程。一些学者预测，MOOC 可能会给传统的课堂教育带来巨大的挑战，甚至可能导致未来学校的生存危机。

二、慕课的特征

（一）交互性

与"传统"网络课程相比，慕课的优势在哪里？或者说是什么让慕课从一场"茶壶里的风暴"变成了一场席卷全球的"教育革命"？首先，慕课最重要的一个特征是交互性。无法保证"坐在屏幕前听课的不是一条狗而是一个人"是"传统"网络课程的主要缺陷，而慕课把网络游戏的思维运用到了教学中，把传统网上课程资源变成了以学习者为中心的"学程"。有人说，慕课是"远程教育2.0版"，它有效地避免了"传统"网络课程、远程教育的弊端。

（二）开放性与可扩展性

与常规网络课程相比，慕课还有另外两个关键特征：开放获取和可扩展性，即任何人都能够免费参与网络课程，而课程本身又可以设计成支持无限多的学习者参与其中的教程。慕课的"大规模"（massive）不仅是指参与课程的学生的规模较大，而且表示课程活动的覆盖面之广。美国《高等教育纪事报》在对开展慕课教学的103名教授的调查中发现，每门课程平均有33000名来自全国及全球的学生注册。这相当于传统课程授课人数的几百倍。而学生们可能操着不同的母语，据统计，Coursera的学员中65%来自美国境外，40%是发展中国家；学生的专业知识程度差异很大，有的人是新手，有的人可能是本领域的专家；学生的年龄跨度也很大，从十几岁的青少年到八十几岁的老人都有。正如可汗学院的创始人Salman Khan所说：慕课课堂是一个"全球一体化的课堂"。

（三）满足个体化学习需要

慕课因其能够实现优秀教育内容的分享并同时赋予学员个人化的学习环境而备受瞩目。根据教学设计的理论基础来看，慕课的设计原则是以人性化为主导的。人性化的教学主张的是具有实际价值的自主学习观念及以学员为中心的教学观点，强调教师的主要职责并非教授学生学科内容或传授他们学习的方法，而是向他们提供各类资料，营造有利于学习的氛围，让他们自己选择学习的方式和途径。这一理念在慕课的设计过程中得到了全面贯彻。比如，Coursera网站的创建者达芙妮科勒曾表示："我们可以把教材划分为8-12分钟的小节，每个小节都是一个完整的知识点。学生可以通过多种方式重复学习这些材料，具体视他们的背景、能力以及兴趣而定。有些学生可能会从中获益于某一小段，但是另一些学生可能对此已有所了解；还有些学生可能只对其中某个主题感兴趣，所以想深入研究它，这样一来，我们就跳出了'统一标准'式的教育模式，也给学生提供了按照自己的需求制定个性化课程的机会。"

三、慕课与职业教育教学

云技术、物联网以及基于二者的大数据技术实现了"技术环境下的教育系统性的流程革新与系统性改造"，以教师为中心传统的教学管理与教学设计和以学习者为中心的慕课模式教学管理与教学设计之间的矛盾，将可能成为我国职业教育教学面临的主要矛盾，这一矛盾使职业教育教学面临重重挑战。而另一方面，慕课在课程资源、个性化教学方面的优越性也使职业教育教学有效性提升迎来了新的机遇。

许多人觉得，慕课主要是针对高级或者初级教育的领域，其主战场在于通用科目及基本理论的学习上；然而对于职业技术培训来说，因为缺乏必要的实践操作环境以获取隐性的知识经验，所以慕课似乎显得有些距离感。但是当知识创造和传授的方式从单一的教育机构中解放出来后，职业技术学院里教授的专业技能可能并不比工场里的技师更具竞争力。在适当的环境条件下，结合线下实际工作的学习和在线专业的知识学习可能会变成职业技术教育的一种有效模式。另外有人质疑，即使是在老师监督下的职业技术学生也不能保证他们的专注力，那么又怎么能期待他们在互联网上获得成功呢？这种观点是我们这群"互联网新移民"对未来"互联网本地居民"的错误理解。我们需要进一步探讨的问题是：这些职业技术学生的学习积极性是否真的有问题，抑或是我们的教学方式存在缺陷。

实际上，尽管职业教育并未被视为慕课"飓风"中的"避难所"，但在 2013 年，Udemy 推出了 Teach2013 项目，旨在吸引行业领导人及专家创立他们的课程并在网上授课。如今，这个慕课平台提供了数百个具有职业性质的课程。对于学校的教师来说，他们既要感受到这种压力，也要意识到慕课为我们带来的一些新的机遇。线上和线下的结合已经在创造各种新型的"互动式"教学方式。虽然在线学习在技能训练上可能存在一些不足之处，但是许多新颖的技术如虚拟、联网、远程、智能化、集成化、协同等等将会给学生们提供更真实的职场体验，让他们有机会尝试错误而不会造成实际伤害；当传统的大学教材体系逐渐暴露出它的缺点的时候，慕课在费用、市场需求、规模等方面具备的优势会进一步扩大职业教育的市场份额。通过对校园和公司课程资源的整合，可以逐步打破两者之间的隔阂，实现真正的"联合"；基于学员的需求来设计的课程结构有望推动学分制度、灵活的学习时间表等的发展。此外，我们还将见证到学习的逆转（即年轻人的参与）、时间的反转（即随时随地学习）、师生关系的转变以及学校与公司的合作关系的变化。

第二节　微课

一、微课的内涵

微课的雏形最早见于美国北爱荷华大学的有机化学教授 LeRoy A.McGrew 在 1993 年提出的"60 秒有机化学课程"，目的是让非科学专业人士在非正式的场合中也能了解化学知识，并希望将之运用到其他学科领域。2008 年，美国新墨西哥州胡安学院的高级教学设计师、学院在线服务经理戴维彭罗斯正式提出了"微课"这一概念，并运用于在线课程。在我国，"微课"一词最早是广东省佛山市教育信息中心主任胡铁生在 2010 年提出的。当时，结合信息化时代学习方式发生的转变，在对我国多年教育信息化发展过程中"大而全"的教学单元进行"修正和反思"的基础上，佛山市开展了区域性的微课建设实践。目前，国内对"微课"的理解众说纷纭，有研究者对相关定义进行了梳理，大致可以分为三类。第一，对应"课"的概念，突出微课是一种短小的"教学活动"。例如，张一春认为，微课是指"为使学习者自主学习获得最佳效果，经过精心的信息化教学设计，以流媒体形式展示的围绕某个知识点或教学环节开展的简短、完整的教学活动"。第二，对应"课程"的概念，有课程计划（微教案），有课程目标，有课程内容（学科知识点），有课程资源（微课、微练习、微课件）。比如，胡铁生等人主张，"微型课程"，也被称为"微课"，是根据学科知识点来创建和产生的新的网络教育资源。它由"微视频"作为核心的元素，包括了配合教学使用的"辅助性的、小型的教材、习题、幻灯片""微反思"和"微评价"等各种类型的资源，形成了这样一个半结构化的、网站式的、开放型的、场景化的资源动态产生和互动式教学的环境。对于"教学资源"这个词语来说，比如说在线的教育视频或者数字化的学习资料包。举例说，郑小军就提出："微课是为了满足多种形式的学习需求，尤其是翻转学习、混合学习、移动学习、零散学习等等，使用简明扼要的小型教学视频作为主导工具，专门为了某一特定学科的知识点或者是教学阶段所设计的，具有生动形象特点的数字化学习材料包"。虽然关于"微课"的定义有不同的表达方式，但是其本质含义都是一致的——那就是"目标明确、内容简洁、时长较短、结构合理、以微视频为主体"。

二、职业院校的微课实践

"微课程"这个概念在中国教育领域已经有了一定的发展基础，特别是在中小学生群体中得到了广泛的应用和推广。然而，近年来，一些职业技术学院如广西南宁四职校、上海信息技术学校等开始尝试实施微课程实验项目，使得这一理念逐渐渗透到了更多的职业教育机构之中。越来越多的教职工热衷于制作教学视频，并参与到教育的数字化改革进程当中。同时，全国范围内的各类微课程竞赛也在火热地展开。但是，在这个热烈的氛围下，我们也发现了众多教师面临的问题：他们认为微课程虽有吸引力，但在实际操作中的有效性和使用频率并不高，因此对于微课程的使用持怀疑态度的人数不在少数。

全球范围内，"Micro-lecture""60-Second Course""One Minute Lecture"等术语被广泛讨论。然而，近年来，伴随着MOOCs和Flipped Classroom等新兴的教育技术的兴起，课程作为一种实体逐渐淡化并消失在了这些新型在线教育技术及教学改革的风暴之中。当前，关于微型课程（即"微课"）的定义尚未达成一致意见，尽管如此，无论这个词如何诠释，我们在实际操作过程中都无法摆脱将其视为"教学资源"的基本框架。

对于中国职业教育的现状来说，多年来我们都致力于构建专业的教育资源库，但是它的利用率一直是个难题，根本原因在于这种资源库是基于"规划式"的方式建立起来的，也就是说，并不是由老师自主发起的项目，而是在政府或其他机构提供资金支持下，学校推动项目实施，然后让老师们来做这项工作。因此，为确保能在验收之前完工，他们不得不把一些内容胡乱地堆砌在一起。尽管完成了资源库构建，但由于实际应用效果较差，这似乎不可避免。许多学校的重点在于推动微课程开发，然而他们的思维模式并未超越这个框架。他们只关注让老师拍摄视频和创建微课程，却忽略了对这些内容的设计与运用进行全面思考。因此，在学校或政府发布的相关文件里，我们经常看到这样的说法"强化微课程资源建设，提升微课程的使用效益"。实际上，这里的因果关系被弄反了——微课程的创作需要预先规划，包括在哪里、采用何种方式、面向哪类学生等问题都需要提前设定好，然后才是制作微课程并寻找合适的途径来使用它。如果没有明确的计划指导，那些未经精心策划的微课程最多只是一些视频剪辑而已，它们仅仅为了满足"微课程"的需求才存在。

对于很多人来说，微课程的主要特点在于其简洁明快且富有针对性，这与人类获取新知的方式相契合，同时也满足了当今社会人们生活节奏加快，无法投入大量时间的现状。通过运用微课程，可以显著提高教育效能。然而，也有一些观点指出，微课程可能破坏了知识点之间的关联，形成信息的封闭区域，并且并非所有教学材料都适宜被制成微课程。实际上，脱离实际应用场景来讨论微课程的好坏并没有实质性的价值。如果缺乏设计理念指导下的微课程，只会让微课程的创设变为"拍摄微课程"，使得"微课程"成为视频制作的同义词，从而促使老师们陷入对技术的过度依赖，过于关注视频的外观表现力和科技元素，却忽略了教育的核心问题。

虽然它们并不处于同一层次，但 MOOCs、Flipped Classroom 和 Micro-lessons 的主要差异在于：MOOCs 打破了传统的教学资源观念，成了网络上的"course"，这与 Flipped Classroom 相似，两者均具有教学设计元素。市场的引导原则决定着 MOOCs 的运作方式，并且教师个人需要先于其他人在翻转课堂模式下进行试验。毫无疑问的是，MOOCs、Flipped Classroom、混合式学习 等的发展为微课程带来了巨大的成长机会和推广渠道。正是因为这种全面且富有创新性的教育教学理念的技术革命使得微课程重新获得了活力。如今，无论是作为 MOOCs 平台的学习资料，或是 Flipped Classroom 中学生预习的关键部分，微课程已然成为一种有效的教学工具，使整个教学流程变得更为完整。因此，我们应从"建构微课资源"的细节出发，转向推动翻转课堂和混合式学习的教学改革的新实践，同时在探讨技术问题时，教师更需重视教学过程中学生的参与度，并通过使用新技术来探索如"翻转课堂"等各种教学策略，以提高他们解决复杂问题的能力及对事物的评估和理解力。

第三节 翻转课堂

一、翻转课堂的产生与发展

翻转单机堂起源于约十年前的美国的 Colorado Rocky Mountain High School。两名教员 Jonathan Berman 与 Aaron Sams 因一些学生的健康问题及家庭距离过远的困扰，导致无法按时出席课程，因此他们决定利用现有的科技工具，如屏幕记录器等，制作 ppt 展示内容及其相关解释性的影片后，将其发布至网上让这些错过授课的同学观看学习，以便弥补他们的知识空洞。随着时间的推移，这两位老师发现通过这样的方式可以让他们从传统的讲授式教室中解放出来，专注解决那些需要额外辅导或者遇到难题的学习者的问题进而使得原本是先听取老师的讲座然后回到家中独立学习的旧习被彻底打破——现在变成的是提前在线收看教授们的教程并在实际操作时得到现场的专业引导。这个转变不仅引发了一场对常规教育的革命而且还吸引了很多其他的学校的各个科目老师们加入其中一起探究新的教育教学方法。

"翻转课堂"这一概念首次亮相于大约十年前，然而它的实际应用和广泛传播则发生在三年的之后。这主要是因为即使有众多教育者热衷于尝试该种教学方法，但在实现过程中仍需面临一项关键挑战——即创建优质的教育视频。实际上，并不是每个教师都具备这样的能力来完成这项任务。因此，在美国，"可汗学院"应运而生并在短时间内取得了显著的成绩，成功解决了这个问题。2011 年，"翻转课堂"被加拿大的《环球邮报》评选为"影响课堂教育的重大科技改革"；到了 2012 年，伯尔曼和萨姆斯共同创立了一个名为"翻转学习网络"的非营利机构，旨在提高教师们执行"翻转课堂"的能力及技巧，同时也向他们提供了相关的教学资料。自该组织的建立起一年内，会员人数从最初的 2500 名激增至超过 11000 名；随后，MOOCs（大规模在线开放课程）的兴起为其进一步推广提供了技术支持和丰富的资源，使得基于线上线下的混合式"翻转课堂"教学法得以在当前移动互联网高速发展的时代中迅速流行开来。

"翻转课堂"的发展不仅仅局限于教育内容的扩展及教导方法的变化，这正体现了其践行者的不断追求提高其实用性的决心。早期阶段的"翻转课堂"主要以学生在家里通过观看老师的讲解视频作为学习的唯一形式。随着 MOOCs（大规模在线开放课程）的发展，它对于"翻转课堂"的教育内容和教学模式产生重大影响：除了提供大量的教学视频外，也为师生间的互动和学生的全过程参与创造了可能。根据"翻转课堂"创始人之一的乔纳森伯尔曼和亚伦萨姆斯的观点，单纯地播放老师授课的视频并不能体现出"翻转课堂"的核心价值，他们更关注的是能促进深度理解能力发展的师生间、生生的对话与互动。因此，他们在后期又将"翻转课堂"改称为"翻转学习"。

二、翻转课堂的本质

普遍观点是，"翻转课堂"被定义为一种以"先通过在线课程获取信息，然后在课堂上消化理解这些信息的教学模式"。然而，这种解释并未完全捕捉到其核心内涵。实际上，一些教育机构和老师可能会选择让学生提前观看到相关教程的视频内容，并将其部分时间安排在教室里完成；另外一些人则可能误解地认为，传统的授课方式也会涉及学生的课前准备工作，因此这也是翻转课堂的一部分。但是，这两种做法都没有准确领会到翻转课堂的核心价值所在。若无法深入了解和掌握翻转课堂的特点，那么就很难达到真正的模仿与应用，从而导致实际的教育成果受到影响。

乍一看，"翻转课堂"似乎只是指向学习的转变。当前大多数人的理解仅局限于此层面上，即具体是什么样的知识被"翻转"了，或者哪部分知识更适宜提前预习等问题。并未得到深思熟虑和实际操作支持。也有一些人通过反思提出了新的看法："翻转课堂"实际上是指"课程中的自我学习材料"和"班级后的集体学习资料"之间的转换。这种新颖见解比之前的观点更加深刻，但是它的思维方式并无本质区别。关键在于确定那些可以由学生独立完成的学习任务，而哪些需要团体协作来共同完成的问题仍然未知。

基于对布卢姆的教育目标准识的研究基础之上，安德森将其明确的目标划归为6种类型：记诵型（memory）、领会型（comprehension）、运用型（application）、解析型（analysis）、评估型（evaluation）和创新型（creativity）。一些学者认为"逆向课程设计"就是让原本传统的教室中的初级学习的任务转移到线上完成——例如学生们可以通过观看微视频或在线讨论来实现他们之前只能从教师那里获取的学习内容。这种方式主要侧重的还是基本概念性的认识，而非深入探索式的思考及实践操作等等，更复杂的高阶思维活动是在学校里由老师引导下的深度探讨过程才能达到的效果。

三、翻转课堂的价值

现今的教育体系是由工业化的大规模生产所塑造出来的，我们在职业学院中使用"工厂式"的方式来实施标准化的培训，这导致了对于学生的个性及特质关注的缺失成了首要挑战。为了应对信息化知识经济时代的需求，许多教育专家和实践者一直在探索如何调整传统的教学模式。随着翻转课堂的发展，新技术的出现为改进职业教育的授课方法，特别是提升公开课内容的效率带来了新的机遇和期待。通常情况下，"传统"的教学是在教室里传授知识，老师难以察觉到每个学生的具体需求，因此实现针对性的指导相对较难；而在学生完成学习任务后，由于老师的缺席，他们无法获得及时的支持和反馈。造成成绩不好的学生很难真正掌握课上的学习内容。在新课程实施的过程中，学生们首先预习新的知识点。教员则利用网络平台来识别学生的疑难困惑，并在授课期间提供个性化的指导与训练。而对这些知识点的深入理解和吸收的过程被安排在了课堂时间段。这样一来，不仅提高了学习效果，也满足了各类学子的需求。这种方式使得学生可以在上课前观看微型视频自主学习，然后在课堂时间内进一步消化、强化及整合所学内容，从而实现"反向革新"的学习模式。总的来说，翻转课堂的主要优势在于其能够从四种角度体现出它的价值：

转变课程展现了混杂型教育的优点并为其职教领域的学生带来了多种场地的灵活选择。然而，仅依赖于MOOCs（大规模在线开放课程）的方式往往要求学员具备强大的自律力以维持长期参与度；而由于许多人半路退出，且完成比例较低的原因，使得这些问题成了人们对于网络授课持怀疑态度的主要因素之一。相反，转换式的上课方法展示出了一套融合型的理念：这包括时间和空间上的整合——也就是说，让同学们可以在家里或是工作中等非传统教室的环境里，自主安排他们的时间来预习或复习相关内容或者是观摩演示操作的视频教程等等，然后在学校里的实际实践环节由老师亲自辅导大家掌握技巧性的东西。这样的做法并非是对同学们的完全松懈，而是更加强调老师的引导作用，并对他们的学业进展实施更为精细化的监控措施，以便更好地把握每个阶段的情况，从而做出相应的调整策略。另外一点就是关于线下的部分也同样重要——也就是把网上自学跟现场培训相结合起来，形成一种新的学风特色。这样一来既能充分发挥互联网技术的优越性能同时，也能最大限度地减少单一网校所带来的种种缺陷。此外，随着移动互联网技术的进步，学生们可以方便快捷地重复观摩课程视频，并在非教室环境下锻炼技巧和温习知识点。这种以翻转课堂为主导的混合式学习模式，其优点正好符合了职业教育的多元化学习需求，并为其提供了便捷的学习途径，同时也为有效的职业教育教学带来了新颖的方法。

首先，通过对传统教育模式的学习者的关注并以此为基础建立新的师生关联是"翻转课程"的核心思想之一。由于大班课中难以满足每个个体的独特需要，通常会采取讲解的方式来传导信息。因此，Berlman & Samis 指出：常规的教育方式是以老师为主体且面向多个学员的一对多的沟通形态；然而，"反向教室"彻底颠覆这一现状——无论是学生在家里自主观摩教科片或是亲自参与现场讨论及交互活动时均体现出一种以学生为中心的理念。这使得每位同学都可以自由控制他们观赏影片的时间节奏，并且能够提问或者分享他们的观点给其他的同学或者是教授本人。这样一来就使每一个个体都能积极投入于自我探索的过程中去，同时也将老师的角色从单纯的信息传递转变为了启发式教育的引领人，也进一步提升了个人的主见性和独立思考能力。这也是为什么 Berlman & Samis 对这个概念进行了更名为逆向学习的原因所在。

首先，翻转课程模式更加适应于学员的理解习惯。据英特尔公司的全球教育主管布莱恩刚萨雷斯所述，这种方法使得教授能够给予学生更多自主学习的空间，让他们在外部环境中挑选出最适宜的方式去获取新知，而在课堂内部则是用于对已获得的信息进行消化吸收。这是一种基于学员理解规律的角度来看待翻转课程的方法。那么，为何我们认为翻转课程更为贴合学员的理解规律呢？常规的教育过程中，当学员正处于信息内化的关键时刻，然而他们的导师常常缺席，但反过来，翻转课程却是先自学再授课的形式，通过提前的视频材料替代了老师的直接讲授，在技巧掌握或是知识点复习的过程中，如果有疑问或困惑出现，导师会一直陪伴左右并及时给出建议和协助，同时也会依据学习平台上的反馈及每个学生的个性需求提出针对性意见和引导。正如一些学者提到的，翻转课堂的前置学习加上课堂内的深度思考，这一教学流程恰好颠覆了传统教育的步骤，其核心在于：只有经过充分的外部预习，才能实现真正的课堂转变，从而推动教学进程；有效地利用课堂时间促进学习体验分享和观念交锋能有助于加深学员的理解程度。

首先，通过实施"反向授课法"，可以更全面的使用微型讲座（mini-lectures）和其他优质的教育资料；其次，"逆向式教导方式"有助于打破传统观念中对于优秀教材只适用于少数人的局限性和无法广泛应用于所有学生的限制因素；再次，"倒置式的教授方法"能使得原本被认为只是单纯提供信息素材的视频变得生动有趣且富有实际意义——这主要是因为这些预设好的录像都是基于精心策划过的教育教学方案制定出来的；最后一点就是关于这个模式能够让我们重新审视，使用教室里的那宝贵的半个小时的时间是否足够高效？能否充分发挥出现代化科技工具的作用？如何平衡线上线下学习的比例等等问题。

四、对于职业学院的翻转课堂教学实践，存在着限制条件和问题

深度参与实际操作后，"翻转课堂"模式暴露出一系列的问题和挑战，以至于被调侃成是"翻船课堂"。一篇文章发表在 ASCDEDGE 网站上,题目叫作"别因为翻转课堂就乱翻",文章中提到了关于翻转课堂的一些疑虑,例如它是否会加强教师作为"舞台上的圣人"的角色印象;学生们是否有意愿在家完成观影任务;这种方式是否适合所有的学生;翻转课堂是否会让学生处于自我学习的状态等等。该文指出,拍摄电影的演员和后期制作的技术团队并不能白吃饭,他们的高薪水是因为有价值的工作成果。如果要求那些日常教学乏味到无法吸引学生的教师来录制视频供学生观看,这恐怕并不是个好的想法。不仅是学生不喜欢看,连教师本人可能也不想过多关注这个事情。由此可见,当前翻转课堂的实行确实存在一些条件性的障碍,这些包括教师的专业能力、信息技术的掌握程度、教育观念等方面,同时也受限于设备设施的使用情况,还有学生的学习行为等因素影响。

就我国职业院校开展翻转课堂的实践看,通过大量访谈我们发现,目前存在的主要问题是:第一,过度关注教学资源开发,忽视教学设计,投入大量人力、物力和财力开发微课,但使用效率和效果低下,教育资源浪费严重;第二,教师对职业院校学生的刻板印象影响较大,相当一部分教师认为职业院校学生学习积极性、主动性差,正常授课还不能认真听讲,让他们课前自学简直不可能;第三,尽管一些职业院校也率先对一体化课程进行了翻转课堂教学实践,但目前对于哪些课程适合,以及课程中哪些部分适合开展翻转课堂还缺乏理论和实践的有力支撑。一刀切地推进翻转课堂,给教师和学生造成了不利影响。

五、对于职业学院的翻转课堂教学有效性的提高策略

为了处理这些问题,我们必须依赖于实际操作中的知识和技巧,同时我们也需在思维层面进一步明确,并理解翻转课程的重要性。根据伯尔曼和萨姆斯的研究,他们通过对自己和其他许多实施过翻转课的教育者的回顾分析后得出结论:并不是所有形式的翻转课程都能营造出以学生为核心

的教育氛围，并且不能充分运用教师和学生的直接互动来提高效率，因此，翻转课程未必能带来真正的转变式学习效果。

针对当前中国职业教育机构实施翻转教学法的情况，作者提出，为了防止翻转教学法出现"翻车"的问题，我们需要集中精力完成下述任务：

我们需要创建高质量的视频课程。这些视频的内容质量、画面设计、环境营造、时间安排、交互体验以及老师的语言表达方式（如声音、语气、速度）、亲切度、问题后的停顿时间，还有与之相配的补充资料、方便的学习交流平台等等因素，都会对学生的在线预习热情产生重要影响。因此，如何利用所有可用的资源创造出吸引人的视频内容以提高学生的学习动力，这是实施翻转教学的关键基础。

我们需要构建系统的教育计划。为了使传统课程变得有趣且有效，我们必须平衡课堂上的活动和课后任务，确保它们之间达到和谐一致的状态。制作高质量的微型课程至关重要，这应包括有序的设计、明确的主题和引导性的提问，以便激发学生的思考并鼓励他们参与讨论。若缺乏合适的工具来创建微型课程，则需提供额外的资源如背景信息、词典、实例及重点难点指南等。教师应该预测学生观看微型课程后的反馈，并对可能出现的一般性问题做出相应的调整，从而优化课堂教学策略。由此可见，学生在课堂之前的微型课程学习，并非仅仅是对传统教育的提前复习。尽管这种形式的学习也发生在课堂之前，但在授课过程中，老师仍会详细解释学生所学的知识点。然而，在翻转式课堂模式中，这是新的学习方式，因为学生通过观看微型课程视频来完成他们的自学任务。所以，微型课程不仅是课，还是学程的一个环节，而不是单纯的视频素材。如果没有把微型课程纳入到整个教学体系中的话，那么它就只是个普通的教学录像而已，无法充分发挥出它的价值。

我们必须构建高效的评估奖励系统。虽然翻转课堂具有诸多优点，但它并非解决一切问题的方法。许多已经习惯于传统灌输式教育模式的学生，可能难以接受这一新的自主且个性化的教学策略。他们总是能找到各种原因和借口来解释，为什么不能登录在线学习平台。然而，培养一种新习惯确实需要时间。因此，我们在设计微课时应投入更多精力，并借鉴国外成功的经验来看待如何让学生的预习活动如观看视频次数、提出的问题数量、参与同伴或老师交流的活跃度等因素影响其本学科的成绩表现。有针对性地制定评分标准有助于激发学生学习的热情，确保课堂"翻转"的效果。此外，对于教师而言，并不是每个科目、每项知识点和技能都能通过翻转课堂的方式获得最佳效果。他们在实施翻转课堂时所追求的目标是调整教学流程及改革授课方式，而盲目推行翻转课堂可能会削弱他们的创造力。为了保持教师们的创新精神，我们应该设立相应的激励措施，以鼓舞他们去探究和发掘翻转课堂的长处和不足之处，从而寻找出最适合特定课程的教学方法和个人独特的教导风格才是正确的道路。

第五章　高等职业教育发展分析

第一节　关于教育发展体系建设的思考

在建立现代化职业教育系统的过程中，我们必须根据人本主义原则来理解和掌握高职教育的法则，并创建完善的现代职业教育课程结构，这既是我们要深入研究的关键问题，也同样是高职教育观念革新的核心部分。

一、对高级职业教育人才培养目标的重新审查。

（一）对于高等职业教育的课程体系建设，构建现代化的职业教育体系提出了新的挑战

教育的社会关系规律要求教育必然要与社会发展相适应，人才培养结构必须主动与现代经济、社会的人才需求结构相适应。解决高等教育的规模、结构、质量、效益不够协调的问题，改善我国高校同质化现象，构建现代职业教育体系是我国职业教育发展面临的重要课题。

为了满足现代职业教育系统的要求，各阶段职业教育的学生培养目标不仅应聚焦于就业问题，还需保持一致性，推动学生的长期持续进步成了职业技术大学课程设计的新挑战。

(二）高等职业教育人才培养目标因职教的重要性而提升

总的说来，公众对于"职业培训"的人才培育目的有两点期望：一是塑造优秀的从业人员，二是打造优质的社会成员。然而，由于地域经济的发展状况差异化及各领域的专业特性影响，加上学生的多元背景，这使得职教变得相当繁杂。目前来看，无论是针对高阶职业技术或高级技工的教育设定其主要任务为提供专业技术人员或是熟练工人这一观点上存在明显的"实用至上的价值观偏向"，缺乏关注到职业训练中的人文精神层面的问题。考虑到这种多元的特点，不论是在大专院校或者大学部的高级职业教学阶段抑或者是中级的技术学院里，我们需要确保的是能够有效提高劳动者的质量水平，并保持社会的良好发展状态的前提下，也需注重全面的学生素养建设工作。此外，不仅要在保证初次就业的能力的基础上，也要考虑如何增强他们的二次求职竞争力问题。

由此，满足学生可持续发展的需求，对职业教育本体价值的关注，内在地要求为学生搭建起满足其终身发展的人文素质教育体系，但对经济社会发展的价值期待又客观地要求职业教育为区域经济发展提供多种规格、不同层次的技术与技能型人才。职业教育人才培养目标的这种"双重性"，一方面，要求建立起中等职业教育、专科及本科高等职业教育的有效衔接体系，另一方面，对中高职衔接提出了更高的要求，即建立中高职既能内部有效衔接，又各自相对独立，能为区域经济社会发展提供"留得下、用得着"的各级各类人才的职业教育体系。

二、依照高等职业教育课程体系构建的基础准则

为了进一步深化高等职业教育的内涵发展，提升其质量标准，并彰显其独特性和水平，在构建课程体系时必须遵循以下基本规则。

（一）基础课程体现高等教育属性

基础课程是涵盖了大学教育的核心知识点和理论体系的教学内容，这

是所有大学生都需具备的基本素质,例如政治学科、法律法规、人文学科、数学计算、语言能力及某些关键的基础科目,比如经济原理、企业运营、财务分析等等。无论从职业培训的角度看,或是把其视为高深教育的一类形式,或者把它当作高级中学后的进一步提升,我们需要根据学生的成长需求和个人兴趣来设置相关课程,以便他们能够达成所需的专业技能并获得相应的学习成果,同时也能理解必要的文化和专业基础知识。

(二)专业课程面向产业和职业岗位

高等职业教育在基础课程满足高等性要求的同时,必须充分体现职业性要求,把对接产业、接轨行业、服务企业、面向岗位作为基本依据。第一,面向社会办学,坚持开放办学、开门办学,自觉研究和适应社会需求,提高社会适应能力;第二,面向行业办专业,根据行业和产业发展的要求,开设、调整、更新、优化专业设置,调整人才的专业方向,彰显专业的高职特点、区域特征和学校特色;第三,面向岗位设课程,课程的设置尤其是主干核心课程的设置,要基于本行业和产业发展中岗位的需要,以岗位群、岗位工作流程、岗位工艺等作为要求,使课程学习体现教学做统一、知行统一、学用一致。

(三)技能课程直接对接实际需求

高职教育的特点在于它强烈的专业需求,特别注重学生的实践能力和直接工作环境的能力。所以,具备相关行业的执业资质及技术认证是非常关键的要求。所谓的双证制是指除传统学位证明之外,还需要一定的执业资格或者技术等级证明,例如财务领域的就业准入许可,或是金融领域的外汇经营许可证等等。这意味着在规划课程设置与任务设计的时候,高校应深入了解各行各业所需的基础执业资格和专业技术水平,并且制订相应的学习计划、培训方案和评估标准,特别是引入企业的管理人员参与评定,确保学生既能掌握知识又能获得有效的就业凭证。这个规定无疑是一个充满活力且独特的目标。

三、改进高等职业教育课程体系建设的相关策略

(一) 构建完备的教材体系

针对高职教育,我们需要构建三个不同类型的教学模块:基本知识、专门技能与实践应用。相应的,这也会影响到教材建设的结构。首先是基础知识部分,这个领域已经相当完善且稳固,因此建议选择高质量且经过精心设计的全国通用教材,并且可以定期更新以适应考试需求。其次是专业的学习内容,这种类型的学习可以通过高校或是相关行业的专家组织来共同开发,或者是通过高级别的院校领导来主导制作,最后再由相关的行业机构予以认可。第三种则是实操性的学习内容,它主要面向资格认证测试,所以应当采取实际训练、模拟考试、正式认证等一体化方式来解决问题,这样才能更具针对性。

(二) 实施灵活的课堂教学方法

课程要有效,关键在课堂。高等职业教育的课程应该有基础型、专业型、操作型三种模式,依据三类课程的不同性质,研究运用不同的教学方法十分必要。一是对基础型课程而言,要提倡由严谨、系统的知识传授的方法来加以落实,注重科学性、准确性。二是对专业型课程而言,既强调理论与实践紧密联系,课堂与社会紧密对接,又强调学做结合,理论教学与案例教学、情境教学协同,以提高教育教学的有效性和针对性。三是对技能操作型课程而言,则采用教、学、练相统一,课内方法与课外自练相结合。

(三) 建设专兼结合的教学团队

要提升高职教育的效果及质量,关键在于教师的专业素质、能力及其职责感。总的来说,我们需构建一组由专家和兼职人员组成、具备双重技能且制度整合的教育队伍。针对各类课程,我们可以采用各种策略。对于基本学科,应主要关注系统的知识结构,注重理论的严密性和基础知识的研究;而对专业科目,教师应该既是专家又是兼职者,重点放在理论与实

务相结合上，使专业领域与市场需求相匹配。至于实用技术类课程，教师可同时担任专家或兼职工作，并更倾向于兼职角色，通过认证和执业证照的培训来评估其表现，并将有效的实践指导成效视为评判依据。

（四）构建教与学的协同机制

作为提升高职教育的核心力量，学生的参与至关重要，所有其他的元素都只是辅助和环境因素。唯有当他们能自我驱动地行动，才能激发他们的自主学习能力、实践能力和个人发展的动力。这样一来，我们对教学改革的研究才会变得有价值。所以，高校在学生管理的制度设计及策略制定方面承担着关键角色，必须建立有效的教师与学生的互动模式，实现教学一体化，这才是真正的有效方法。

第二节 关于加强师资队伍建设的思考

构建优秀的教师团队对于教育的变革至关重要，同时它也影响着实际操作课程能否成功实施。虽然我们已经投入大量的时间来建立一支高质量的高等职业技术学院教师团队，但在规模、构成及总体能力方面仍然存在一定的不足，这与我们高等职业技术学院的人才培育标准和品质要求之间存在一定距离。全球范围内，如何通过提升职业技术教师的质量，从而改善整个职业技术的教育质量成了众多国家的共同挑战。由于高等职业技术教育自身具有独特的性质，因此其对高等职业技术教师的能力需求也会有所不同，相较于其他类型的学校，高等职业技术院校可能对其教师的需求会更为严格。而高等职业技术教师的素养将会直接影响到高等职业技术实践课的质量，根据当前高等职业技术教师的发展状况看，他们尚未能充分满足高等职业技术实践课的需求，还有很多工作要做。

一、教师缺乏实践技能，对实践教学的进步造成了影响

尽管当前我国的高等职业教育教师团队构建还有进步的空间，特别是在教师的专业实操水平无法适应实际操作教育的增长方面，研究表明，增强教师的实战技巧被视为强化学生技术培训的关键要素。此外，在我们的调查过程中，教师们普遍觉得他们在课堂上的最大不足就是他们的专业实操经验。总而言之，一方面，教师已经开始重视他们自身实战能力的提升来推动学生的技能发展；另一方面，教师认识到自己在教学过程中的短板正是他们的实战能力，这意味着学生们的实战素质和老师的实战实力之间的关系存在冲突。因此，我们可以尝试从提升教师的实战能力入手来解决问题。

（一）教师来源渠道单一

当前仍有一些职业学校的全职教员（尤其是公有科目老师、基础知识课程教授者与实操培训导师）的主要招聘源是毕业生群体，这些应届生来自不同背景，如一般大学、师范大学、技工专科或者拥有技能教育的综合型高等学府等。同样地，大部分实习辅导人员也由刚出校园的学生担任；而企业的员工流动率相对较低且比例不大——这是现阶段高级中学中常见的情况之一。因此，某些机构经常会表达他们的不满：那些刚刚走出大学的年轻讲师们往往只是在学校环境下成长起来的人才，尽管他们在学科领域内有着深厚的理解力，但是却并未接受过系统性的教育教学培养，也没有实际工作经验和社会生产的亲身体验，所以很难具备有效的授课能力和技巧。同时，受到传统的优秀人才观念影响，许多人过于重视纯粹的教育理念灌输，而不是引导学生的主动思考过程，导致了过多依赖教材内容讲解，而不注重激发学习者的兴趣等问题出现。此外，大多数老师的实验操作水平、手动制作的能力，还有实地模拟上课的技术都不强劲，无法达到实战需求的标准要求。至于选择自公司或是研究组织引进来的专家学者作为兼职任教的人员来说，因为其本身的专业应用实力很强大，并且能提供

最前沿的工作方法、科技手段等等来实现未来工作的完美衔接效果。但这部分教师往往缺乏相关教育理论背景的支撑，难以将专业技能明晰、有效地传达给学生，常因疏于教学方法的运用，对学生学习指导方面仍不尽如人意。而且，调查发现，理论课教师和实践课教师存在明显的各司其职倾向，彼此沟通交流较少，似乎理论课只管教好理论知识，实践课只顾操作技能的练习，教师的理论知识与实践能力难以调和的矛盾在某种程度上制约着理论与实践的整合。因此，如何弥补理论课和实践课教师各自的不足，实现理论课与实践课两者的整合将是需要进一步思考的问题。

（二）教师教育培训不够

首先，对老师开展职业教育理念训练的机构并不多。叶澜博士已经明确指出，当前的教改需要转换的不仅是传统的教学观念，更需要彻底改变数以千计的老师们的教育思维方式和他们日常生活中习惯性的教学模式。

当前的高职学院对于教职工的教育方式主要集中于提升他们的学位等级，例如在新入职员工的要求中常规定为硕士研究生及以上资格。此外，他们也会通过鼓励在职人员参加研究生学习或者参与多媒体教学资源的研究来推动其发展。然而，这些举措往往忽略了实际操作能力等方面的发展和训练。

其次，就师资训练的内容而言，主要侧重点在于专业的学科知识，而对教师教育的观念更新则相对忽视了。长期如此，教师过时的教导方式可能会极大地影响教学品质，使得教学活动仅能遵守普遍的规定，无法彰显教师个体的教学特色，也使他们不能针对特定的教学环境做出灵活应对。然而，实际情况往往远超我们的预期，如果忽略教学观念的发展并未能适时调整教师训练的内容，继续按照传统的模式开展，那教师的培训最多只是在一个固定框架内徘徊，唯有将教师训练与前沿的教育理念相结合，才能实现持续进步，反之若只注重传统的方式而不考虑新的变化，不论是在理论还是实践层面都很难获得真正的突破。

再次，对于教育者的训练没有全面思考。根据高等教育的教学人员提升的情况看，缺少全局性的考量主要体现在其教导的内容较为单调，仅仅关注于教授的专业知识，而忽略了教育者所需的教育观念、实操技巧、职业伦理等等方面，并且也未考虑到长期的发展规划，很少能把专业的进步、科目的构建、团队的人员构成等多方因素纳入到考虑范围之内，在教育人员的培育过程当中，也很少有能够配合学校的成长方向，来开展策略性的能力的塑造，而且教学人员的训练方案也没有系统的安排。一般来说，教学人员的训练应该包含着训练的目标、训练的计划、训练的方式、训练的效果等多种要素，然而实际上一些关键的部分常常被遗漏掉，通常只是重视训练的过程中，却忽略了训练的成果，特别是缺乏在训练结束后追踪并评估的重要性，这导致了训练效果的大幅度的降低。

此外，主要依赖于外部的激励来对教育工作者进行培训仍然是一个问题。因为受到职业学校的评价体系影响，参加培训的教育人员往往是为了晋升和获得职称，或者基于外部激励的原因而参与其中。然而，他们的日常工作负担很重，导致他们的时间经常被占用，因此他们无法有足够的时间自我充能。在此情况下，若没有健全的激励制度和有效的评估方法，教育者的热情可能会减退，使得培训变成一种晋升阶梯或者是敷衍应对的态度，从而难以确保培训的效果。

最终，我们发现教师教育的渠道过于狭窄。长久以来的情况是，教师的教育主要是通过全国范围内的各种职业教师培训机构来实现的，而这些机构自身并未完全构建出一套完整且具备高等职业技术特点的教学训练体系及相应管理策略。各方面的资源整合尚待进一步优化，尤其是企业的参与度在职业教师培训方面仍然不足，尽管高校与企业之间存在一定程度的互动关系，但是这种交互仅限于表面层次，真正的深入型校企联合还有很长的道路需要探索。

二、对于解决高等职业教育师资问题，我们应该从多个方面进行

(一) 转变为非学历提升教育，而不再是补偿性的学历教育

在高职教育发展初期，适当地对教师进行学历补偿教育能够在一定程度上提高教师整体的学历水平，提升教师专业素养。然而，高职教育从规模扩张向内涵建设发展的转变，表明对教师教育有新的诉求，不仅意味着教师学历水平、执教能力和责任意识的大幅度提高，而且是教学独立性、自主性和创造性日渐高涨的必然要求，它客观上要求破除高度集中与统一的模式，较多地进行提高型的非学历教育。因为唯学历的培训制度已日益暴露出局限性，特别是教师教育目标偏向于学术型教师的培养，过分追求学科知识的系统性、精深性，缺乏与专业理论知识结合的技术知识的关照。从培训内容来看，多作为统一型的、基础性的考核条件或评价标准存在，缺少个性化的培训内容，与教师的实际教学活动相关性较小，对每位教师出于各自专业化发展的要求也较少考虑。由于培训内容与教师实际教学工作脱节，特别是不能解决教师在实际教学过程中面临的困难，导致教师参与培训的积极性不高，培训效果也很不理想。

面对教育的这个难题，未来的重点应该放在如何增强老师的专业技术实力及课堂表现上，并进一步加强实战化的学习内容设置以推动老师更频繁地参与企业的实际情况中去；此外还需积极引导老师们参加技术的研发工作来推进产业学院的发展进程，从而优化我们的教育教学方式方法，并且持续改进它们的质量，以便为我们所教授的内容带来更多的现实意义或让它们变得更加生动有趣一些——这需要我们在学校里寻找适合的项目作为我们授课内容的素材来源，或者是采用类似于公司项目的真实场景的方式，对学生们展开实验性的训练活动等等。这些措施都是为了能够使学校的教导体系朝更为实用化的道路迈进而努力奋斗的一种体现形式而已！另外我们也应当重视那些没有高等学位，但有着丰富经验的技术人员。他们

同样是值得被尊重的存在，因为他们的存在可以让我们更好地理解，什么是真正的职业技术人才培养的重要性所在，而且也只有这样才能真正做到把书本上的东西转化为活生生的应用工具，进而使得整个社会受益无穷。

(二) 再论"双师型"教师

"双师型"被视为高级职业技术教育的核心力量，它对于确保高质量的教育水平和推动其持续发展至关重要。近些年来，以防止理论学习与实际应用脱节的方式，强化理论授课与实践课程之间的融合，许多专家都在积极探索如何培养出优秀的双师型教师。然而，尽管已经有了很多关于这个主题的研究，我们发现大多数研究只是集中在了定义上，而很少深入讨论双师型老师应该具备哪些特质或者标准。这种研究方法的多样化导致了双师型老师的研究并没有产生预期效果，而且由于缺乏深层次的理解和具体的实施方案，这也没有让职业学校的教师状况得到显著改善。当前的高等职业学校中，双师型教师的人数分布有两个趋势：一方面，有人担忧双师型的教师太少了，根据"多条件论"来评估的话，只要满足个人的基础资格，比如拥有相应的学历、教学能力和工作经验，并且掌握一定的专业技术知识，这样的人员并不算多。另一方面，若依据"两证论"的标准去衡量，也就是说只要持有教师资格证和技术资质证书就可以认定为双师型，那这样的教师其实也不少见。其实，无论上述哪种倾向，都存在一刀切的问题，即把所有的教师都同一化对待，如果对专业课或实践课的教师实行简单的双证制度，则降低了要求标准，如果普通文化课教师以多条件说为标准，则又增加了难度。

"双师度"这一理念被提出以应对双师型标准设定得过于严格或者宽松的情况。该理念通过对各类课程中理论及技巧需求差异性的区分来实施有效的管理。例如，一般的教育者负责教授基本文化的课程，他们只需要具备双师型的观念就足够了；而那些专门教导与职业相关基础知识的老师则需达到一定程度的双师型能力；对于专注于特定领域理论教育的专家而言，不仅要有深入的专业理论理解，还需要具备双师型的能力；至于实践训练类的教育工作者，他们的职责主要是传授与所学专业密切关联的技术类课程，这些教师必须是双师型的人才。

尽管双师度的创新超越了传统的研究范畴并拓展了新的视角，但是对于其具体含义的阐述仍然较为笼统和模糊。尤其是在实施过程中，如何确定理论知识和职业技能水平的确切级别尚无明晰的标准，并且这种划分方式可能导致理论与实践之间的断裂关系。此外，关于双师型意识、双师型素养和双师型教师三者的差异并未得到清晰界定，学者的意图可能是强调它们之间逐步加深的关联性。我认为，拥有双师型意识也许是最重要的，原因在于以双师型的角度来探讨教师的专业化进程是一个必经之路，且教师的专业化提升的关键并不在于寻找共同的原则，而在于给予教师更多的教育智慧的空间，即鼓励多元的发展而不是单一的目标。我们的理解应该基于教学理念去解读双师型这个概念，所以只有透过全方位的分析，我们才有可能对其内涵有着更加精准的认识。因此，我个人觉得双师型可以被看作是一种能推动理论与实践相融合的教育思想，也就是说教师可以通过引导学生积极参与和亲身体验的方式，使他们在认知体系内构建起理论知识与实践知识的综合体。

（三）从强迫型向内生型模式转变

从师资培训的现状考察，外部激励仍是师资接受培训的主要目的，由于师资培训体系是一项系统工程，它涉及各种配套机制，如果某些机制跟不上，就会影响整个师资培训体系。如激励机制不健全，教师参加培训的积极性就不高；竞争机制不完善，就不能有针对性地选拔出合适的师资参加培训；评估机制不合理，也会制约培训目标的实现。因此，外部激励型培训有其自身的局限性，在这种模式中，教师的积极性无法真正调动起来，一旦这种激励诱因不能得到强化，则会影响培训的质量。

依据教员的变化形式，可以运用管理的策略以产生不同类型的变革；这些战略会引发各种深度上的理解及感情变动，包括最为显眼的表现方式至深入内心的思考及其情绪反应等方面的转化。比如，"教育的交流或者积极地介入"能导致更为内在化的思维过程并触发更强烈的感觉波动,"命令式或是控制式的手段则仅可能实现较为浅层的形式调整",由此我们可以看出:外界刺激位于行动变更的最底端阶段即提供的动机级别上,它代表了较初级别的动作转换情况,并且具有较高的敏感度容易受到环境的影响,所以对于老师的训练应该尽可能采用教育教学的方式,或者是主动参加的方法去推动更加彻底的心智活动和生活习惯活动。这就暗示着我们需要打破传统的对外部压力驱动的成长模型。转为一种内部驱动的发展评估方法,从而使我们的思想发生根本性的转移,同时借助于老师们的授课经历,引导他们自己对自己的课堂工作做出自我反省,并对自己的生活体验有所感悟,最终达到改善他们的课程活动的目的。我认为这种把压制性质的教育转化为自主发展的理念是有着很强的实质意义。

首先,这显示出教师的整体素养有了明显提升,大学教师的学识、教学技能和责任感得到了广泛的增强。这无疑意味着教育的独立性、自主性和创新性日益提高,必须要打破在高度计划制度下的集中和统一模式。

再者,过去对于教师的前期教育及后期进修主要侧重于专业理论的学习,这导致他们在逐渐适应并尊崇固定的原则和模式的过程中,丧失了深入解析和思索复杂教育的灵活能力。所以我们需要防止这一过度依赖理论知识和死板训练的情况发生,转向强调那些与实际教学密切相关的基础教学能力和技巧的学习。

最终,伴随着我们国家对于教师的研究不断深化,越来越多的人明确了现代学校的核心特性中的一项,那就是确定教师个人专业的价值观,确认他们对教育的直接影响力及领导力,这就暗示着,一位优秀的教师会把深厚的学科知识和教育的专业技能融入实际的教育活动中,并且从其中获得经验、反省和总结出的一种教育教学模式受到了广泛赞誉。

强制性的训练方式不仅仅削弱了个体的独特性,也影响了一所学校的创意与弹性环境,这既助长了服从主义的发展土壤,又减少了新颖想法的可能出现概率。而自发式的教导策略则明确地需要校园为老师提供平台,并关注他们的探索过程，全面认可及赞赏他们的工作成果，激发其独具匠心的思维能力，尤其是在接受不同理念、推动个性化课堂方面给予支持是至关重要的。营造一种宽容的环境以使老师们能够毫无顾虑地说出自己观点；创建一股包容且开放的教育科研风气来尊敬并且维护老师的教育教学探究热情及其原创力，提升他们在职场中的信心感。

此外，学校还需要建立健康的科研方向，尤其是更多地偏重于与教学实践和日常教学生活紧密相关的教学研究。对于那些能够启发教学活动的研究也应该被高度重视，以便为教师提供研究的自由空间。

（四）利用教师的全面能力，建立学习的集体。

长久以来，我们可能已经形成了某种固定的思考模式，那就是把教导视为单一的教育者行动，并且坚信如果每个老师的教学效果都得到提升，那么整套教育体系就会达到最佳的状态。这样的独立且简化的观点体现在对于教师的研究上就是，主要聚焦于教师个人的能力或者某个特定的教师的行为与特征，而忽略了各个老师在不同的层次（如个人、团队和机构）上的差异性的影响，包括他们如何影响学生的经历和学习的结果。这种广泛存在的想法使得教师研究仅仅局限于教师的能力方面，过分重视单独教师的效果，却忽略了教师群体的作用，这阻碍了教师教育的全面进步。

伴随着对教育流程认识的深化，全局性和体系化逐步融入教师研究范畴内，以全面视角探究教师效率已然成了学者们关注的重点课题。然而，鉴于课堂常常是由多种学科背景的教师协同执教所构成，而不是单一教师的行为独立结果，提升个体教师的能力并不一定能够确保学校总体效果，原因在于各教师的贡献可能互为补充或者抵消。例如，实操类课程中的理论教授可能会尽其所能去配合实际操作教练的教学工作，但若两者间的理论知识与实践技能差距过大，则会削弱二者融合的效果。同样地，针对同一类型课程的老师也需要增强跨部门互动，扩大信息的流通量，但是实际上他们经常处于独自工作的状态，彼此间缺乏交流，也很少有机会观察或听取他人的讲座，这使得他们的视野变得狭窄，当面临特殊的教育挑战时，他们往往显得应对不足。

　　因此，有必要寻找一种方法来增强教师群体的能力，根据当前的高等职业教育的状况来看，建立教师的学习团体具有实际的基础条件。调查结果显示，当被问到教师对培训的态度时，有些老师回答说："因为工作繁忙没有足够的时间去参加"。令人感到鼓舞的是，另外一项研究发现，老师们主要通过自我学习的方式提升他们的教学技能，这也说明他们拥有较强的自主学习能力。基于此，我们可以考虑是否有可能调整教师的培训方式？这也是证实了一种小型化和分布式而非大型化的、集中的教师培训模式的可能性，这种模式有助于释放教师们的教学智慧，不仅节约了时间，还能应对因学科差异带来的难解的问题。

　　对于教师发展问题的探讨应当以现代社会的需求和社会教育的实际问题作为出发点，因此，"专业学习共同体"这一概念的诞生既源于现有的组织行为学的理论框架及其关于教师领域的新的观察角度，也源自目前教师培训过程中所面临的挑战。近些年来，在西方组织的行动研究和人力资源管理的领域里涌现出一股新潮——"心理契约"理论。这个理论指出，个体与组织之间的社会交易关系不能被完整地定义在书面劳动合同上，然而每个组织成员都清楚地知道他们应该向组织贡献什么，贡献到何种程度，同时组织又会给予他们怎样的回馈，这些都在他们的意识之中，也就是所谓的心照不宣。这打破了过去人们对个人与组织间强迫关系的认知，构建起一种内部交流的默契，这对建立有效的教师培训体系具有重要意义。

　　在对于教育的深入认知的社会中，我们有责任推动教导理念及制度的改革，调整老师的视角和思考方式，超越仅仅用学位来弥补教育需求的教育模式，并积极地把老师个人的发展融入整个团队的能力提高之中，激励他们不断审视自己的教学行为，从而激发他们的实践智慧。同时，我们也应该增强理论课程教授者和实际操作导师之间的交流，让兼职讲师也加入到教学研讨活动中去。

第三节 关于教学方式方法革新的思考

高等职业技术学院被赋予了重要的使命来培育这些实用的技术人员和专家们。为了提升其质量与效果，改革现有的教导方式至关紧要。为此，高校应以实际操作为基础的原则去探索新的学习模式如病例分析式或对比式的教授技巧等等的方式是必要的且有益于他们的成长进步。

一、对高等职业教育的教学方法进行革新的重要性

（一）提升对实用型人才的培育，以满足社会进步的需求

伴随着我国社会主义现代化的高速推进，对于实用型人才的需求日益增加，他们已逐步成了社会的焦点人物。因此，培育这类人才已经变成了国家的首要教育目标，这个责任自然就落在高等职业教育的身上。为了满足社会的期望，高等职业教育采取了一系列独特的教导方式如定向训练和特定课程设置等方式，成功地向社会输送了大量杰出的实用型人才，这不仅符合了社会的发展需求，同时也推动了社会的进一步发展。

（二）优化教学方法，促进教学观念的更新

在高等职业教育的实施中，常常出现一些错误的教育理念：受传统思想的影响，教授们经常忽略学生个体的特点，过于关注自己的知识传播和技术传递，却忽略了他们的真实学习能力及专业技巧的发展；"教"与"学"之间的联系并未得到充分重视，未能达到相互促进的效果，因此，要达成培育实用型人才的目的就变得更加困难。

另外，有些教师过于激进地认为高职学生的理解力较弱，他们不应该对知识点进行详细讲解，甚至可能表现出对学生的轻视态度，而对一个知识点的讲解则是囫囵吞枣。

尽管确实存在一部分的高职生缺乏学习热忱，但这并不能代表所有他

们的同伴也如此。因此，为了鼓励他们积极探索知识，我们需要倡导教育工作者调整其教导方式，利用创新的教育策略和多元化的教学工具激发学生们的学习兴趣，让他们更好地理解老师，缩短与老师的心理距离，从而推动他们在教学改革的过程中逐步更新教育理念，提升教学质量。

二、教学方法和教育方式的革新在高职教育中有其基本的限制

作为高等教育的核心部分，高职教育具有关键且独特的定位。这一特质主要源于其受众群体——高职学生的特性。他们在大学招生过程中通常是最晚被选中的，他们的基本知识和自我管理技能相对较弱，相对于其他大学生而言。所以，针对这些高职生的教育方式需要基于他们的个性化需求来制定。随着社会的进步，高职学生的特征也随之演变。

因此，高等职业教育的授课方式也需要创新和改革，这要求我们在一定的理论框架内实施变革，如果缺乏这样的基石，那么高等职业教育很可能会变成脱轨的车厢，失去其生存价值和未来发展的可能性。对于高等职业教育来说，它的教导模式应该根据这两个主要的原则来更新：

我们应以实践为核心，提升学生的实际操作技能。相较于其他的高等教育模式，高职教育的教学方法应该以增强学生的实践技巧为目标，这不仅是由高职教育的教学对象特性所决定的，也是培养专业技术人才的基础保障。

我们的目标是提升教学技术水平。鉴于高职教育面向的特殊人群，必须与本科等其他教学方式进行区分，例如更注重与学生在课堂上的互动，强调多媒体教学的运用，合理地设定实践和理论教学的比率等等。

三、改革高等职业教育的教学方法策略

（一）加强案例教学法的运用

最初由美国的教育实践中产生的"案例学习"，随后被进一步优化并推

广至其他领域如医学界与法律行业等后被称为"新颖的教育体系"的是通过使用有象征意义且富有预见力的实例来教授知识的方法——这种名为案例教学法的系统是由著名的哈佛学院所创立及发展的；该种教导策略是利用这些例子作为主要的学习材料，然后让学员们根据老师引导下的各种途径去激发他们的自主思维能力并对那些提供的事物或疑问做出解析探究进而形成结论的过程。而这个过程本身就包含了从概念到实际行动之间的桥梁作用即所谓的"Case Study Research"（简称 CSR）

实施案例教学法需要教师在教育过程里执行两项任务：首先是对基本知识的传授，这应包含于知识点的所有部分，这是案例教学的基础并为之奠定基石。案例代表了生活实际，唯有在明确的理论指引下才有机会获得有效的解决方案。其次，通过引入相关联的典型案例来阐述学习点，如有必要的，可加入学生的互动交流环节，然后由老师做最后的案例归纳。在解释案例的时候，教师需特别关注案例的核心意义，即它揭示出的理论源头，如此方能实现理论与实践的完美融合。

值得注意的是，上述两步对于案例教学法的具体实施并非必须遵循固定的次序。有些教育者倾向于在讲解基本概念前引入一些实例，以激发学生的学习热情，然后进一步深化对理论的研究；而另一些教育者更偏向于首先阐述理论基础，然后再通过案例研究来加深理解和记忆。

（二）强化运用多媒体信息化教学方法

多元化信息化的教学模式是在教育教学实践中利用电脑与互联网技术的产物，其核心在于运用各种现代化教育工具如幻灯片、投影仪、音频记录设备、影像录制器材、影片制作、计算机系统、光学磁盘及网络等等。这些教育媒介具备视觉和声音的表现力、复制品的能力以及创新特性。它们通过图像、音响或其他形式来传输资讯，使得学习者能够全面地使用眼睛耳朵接收信息，同时也能轻松记住所学的知识点，从而提高他们的学习热情。

相较于传统的以粉笔或黑板为基础的教育模式，多媒体信息化教学在学习手段及成果方面都取得了显著进步。这种新型教学法利用生动且富有创意的方式如文本展示、影片、动画与音频等元素融合在一起，不仅激发了学生的求知欲望，同时也能有效减少教师的手动书写工作负担，节省他们的精力消耗，并提升他们的大脑活动能力，使得他们能把更多的注意力放在知识传播和教学策略的使用上面，从而提高了知识传递的效果。例如，当我们教授"仓库管理"这一主题时，仅凭教材中的描述来解释仓库运作可能会让学生难以理解，也无法让他们真切感受到仓库操作的过程。然而，若使用多媒体的信息技术影像资料呈现出公司实务中仓库管理的详细步骤，学生就能立刻产生直观认识，并且加深对于仓库基础知识的记忆。总而言之，多媒体信息化教学的方法是将那些复杂难懂的理论概念，通过图形、电影、动画、声响等方式将其变得更为立体而具象，更容易被学生所吸收。

（三）加强问题教学法的运用

采用以问答为基础的教育方法时，我们鼓励学员们积极地投入解答疑问的过程当中来获取新知；同时我们也期望他们能转变角色从被动接受变主动探索的方式去解决问题——这意味着老师需要充当他们的辅助工具或者提供必要的引导与评估支持。这样的教育方式注重的是如何利用实际且具有挑战性的难题环境激发学生的求学欲望及创新思维能力：它旨在使他们在面对困难的时候能够团结协作共同寻求解决方案，以此深入理解那些隐藏在新题背后的事实真相及其相关知识点，进而掌握处理这类情况所需的专业技巧并且培养出独立思考的习惯。

解决问题能够让学生获得相应的答案和对相关概念的理解，同时也可以更积极、更广泛、更深入地激发他们原有的经验。经过剖析和推理当前的问题情境，他们可以形成新的理解和假设。

显然，采用问题导向的学习方式能引导学生由被动的接受教育转变为自发的求知行为，他们会更加热情和积极地去探寻新的知识。利用这种问题导向的教育模式能够激发他们在教室里产生一种对学习的紧迫性和兴趣，进而让他们自觉地寻求答案并解答疑问，这有助于提升他们的自我解决问题的技能。

参 考 文 献

[1] 联合国教科文组织国际教育发展委员会.学会生存——教育世界的今天和明天 [M]. 北京：教育科学出版社，1996.

[2] 孙培青. 中国教育史 [M]. 上海：华东师范大学出版社，2007.

[3] 葛金国，吴玲. 盘点学校 [M]. 福州：福建教育出版社，2001.

[4] 石中英. 教育哲学导论 [M]. 北京：北京师范大学出版社，2002.

[5] （美）杜威. 民主主义与教育 [M]. 王承绪译. 北京：人民教育出版社，2001.

[6] 周昌忠，中国传统文化的现代性转型 [M]. 上海：上海三联书店，2002.

[7] 袁振国. 当代教育学 [M]. 北京：教育科学出版社，2004.

[8] 孙华. 不同认知方式个体的视觉整体优先性研究 [D]. 山东师范大学，2011.

[9] 坚毅. 个体—群体—整体—唯物辩证法范畴立体化之十 [J]. 求实，2002（4）.

[10] 刘晓冬. 儿童文化与儿童教育 [M]. 北京：教育科学出版社，2006：145，149.

[11] 夸美纽斯著. 傅任敢译. 大教学论 [M]. 北京：教育科学出版社，1999：77.

[12]（法）卢梭著．李平沤，译．爱弥儿[M].北京：商务印书馆.1978：96.

[13]（意）蒙台梭利著．任代文主译校．蒙台梭利幼儿教育科学方法[M].北京：人民教育出版社，1993：339.

[14]（美）玛格丽特 米德著．曾胡译．代沟[M].北京：光明日报出版社，1988：42.

[15]（英）怀特海著．徐汝舟译．教育的目的[M].北京：生活 读书 新知三联书店，2002：123.

[16]冯契．冯契文集：第1卷[M].上海：华东师范大学出版社，1996：50.

[17]黄书光．生活世界中的当代德育反思[J].理论探索，2006（2）：5-8.

[18]（奥）胡塞尔著．张庆熊译．欧洲科学危机和超验现象学[M].上海：上海译文出版社，1988：5-6.

[19]林丹．学校德育实践的合理路径：方法的视角[J].东北师大学报（哲学社会科学版），2015（1）：15-19.

[20]高德胜．生活德育简论[J].教育研究与实验，2002（3）：1.

[21]冯文全．关于"生活德育"的反思与重构[J].教育研究，2009（11）：92-96.

[22]（法）爱弥尔 涂尔干著．陈光金等译．道德教育[M].上海：上海人民出版社，2001：108.

[23]（美）克里夫 贝克著．詹万生等译．学会过美好生活—人的价值世界[M].北京：中央编译出版社，1997：7.

[24]钟晓琳，朱小蔓．德育的知识化与德育的生活化：困境及其"精神性"问题[J].课程 教材 教法，2012（5）：97.

[25]（德）马克思，恩格斯著．马克思恩格斯全集：第1卷[M].北京：人民出版社，1979：372-373.

[26]高德胜．生活德育：境遇、主题与未来[J].教育研究与实验，2012（3）：5-10.

[27] 冯建军.当代道德教育的人学论域[M].福州：福建教育出版社，2015：163.

[28] 孙少平，李广，林海亮.新时期学校德育热点问题研究[M].广州：广东教育出版社，2008：126.[30]鲁洁，王逢贤.德育新论[M].南京：江苏教育出版社，2002：130.

[29] 张澍军.德育哲学引论[M].北京：中国社会科学出版社，2008：173-174.

[30] 马海南等.道德教育新论[M].北京：中国社会出版社，2009：9.

[31] 鲁洁，王逢贤.德育新论[M].南京：江苏教育出版社，2002：156-168.

[32] 班华.现代德育论[M].合肥：安徽人民出版社，2001：148-149.

[33] 詹万生.德育新论[M].北京：首都师范大学出版社，1996：62.

[34] 詹万生.整体构建德育体系研究论文集[C].北京：教育科学出版社，2001：535-538.

[35] 张启哲.道德底线教育略论[J].陕西教育学院学报，2004：（3）.

[36] 袁振国，朱永新.试谈个体政治社会化的意义及过程[J].社会学研究，1988，（1）.

[37]（美）加布里埃尔 A 阿尔德蒙（著）.马殿君等译.公民文化——五国的政治态度和民主[M].杭州：浙江人民出版社，1989.

[38] 丛日云.西方政治文化传统[M].哈尔滨：黑龙江人民出版社，2002.

[39] 王惠岩.当代政治学基本理论[M].天津：天津人民出版社，1998.

[40] 黄月细.民主政治视域下的公民政治素质及其培育[M].广州：广东人民出版社，2011.

[41] 邱伟光，张耀灿.思想政治教育学原理[M].北京：高等教育出版社，1999.

[42] 唐克军.为民主生活做准备——西方学校公民教育探析[J].外国教育研究，2004，（2）.